結局、どうしたら伝わるのか？

脳科学者
西 剛志

脳科学が導き出した本当に伝わるコツ

アスコム

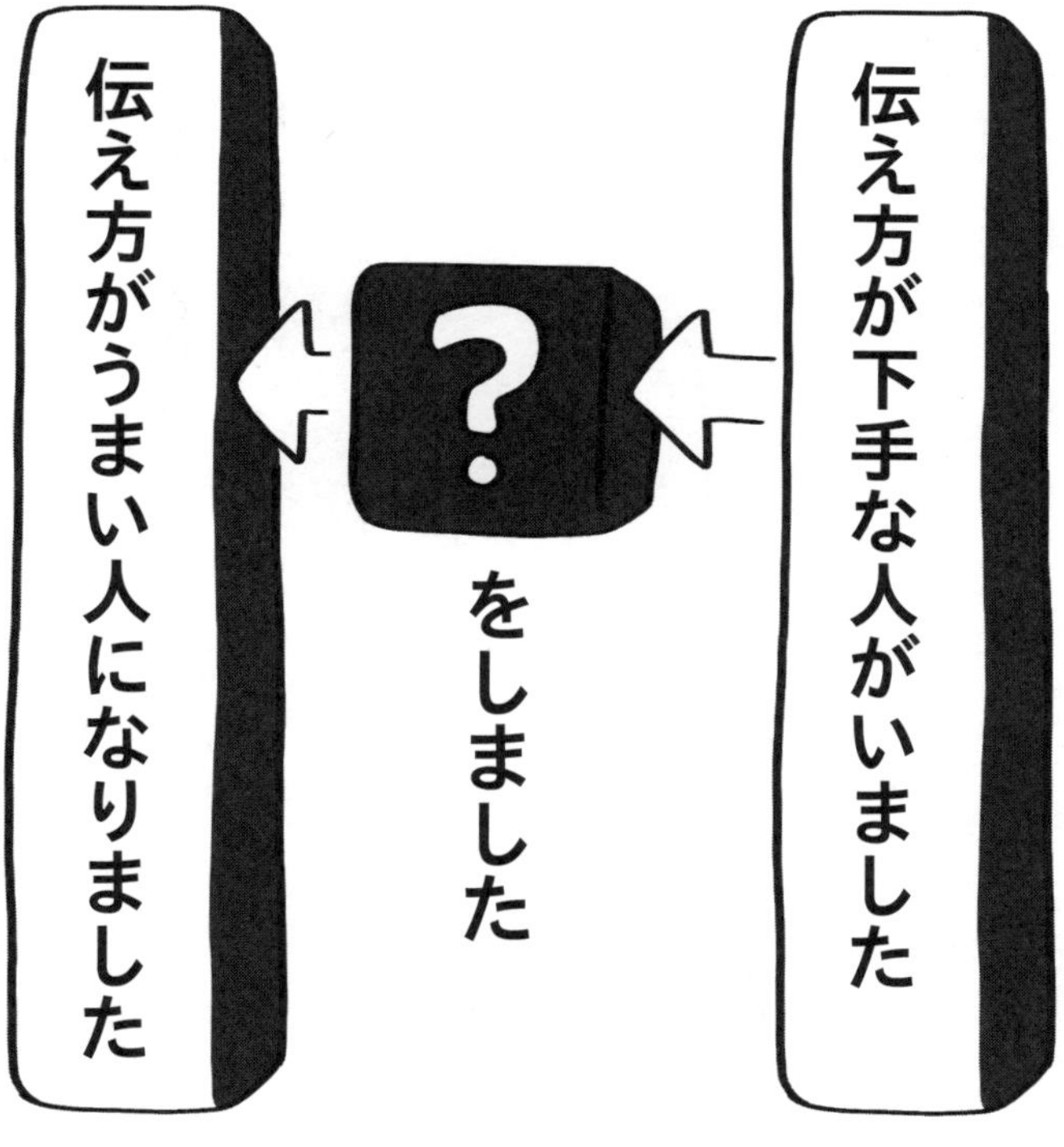
伝え方が下手な人がいました
?
をしました
伝え方がうまい人になりました

質問 ? にはどんなコツが入るでしょうか？

この本で ? に入るコツを紹介していきます

はじめに

こんなことはないでしょうか。
頼み事をしたとき。
あなたは細かく指示を出して

相手も

わかりました！

と言ってくれました。

そして後日、上がってきたものが、
あなたがイメージしていたものとは
まったく違うものだったということ。

伝えたはずなのに、伝わっていない……。
言葉で伝えても、なかなか伝わらない。

こういった、相手とイメージしたものが違い、うまく伝わらない現象を、
脳科学では**「認知のズレ」**と呼んでいます。

最近、「言語化」という言葉が流行っています。
仕事でも、プライベートでも、
コミュニケーションにおいて言語化は確かに大切です。
でも、最新の研究から、「言語化には限界がある」こともわかっています。
言葉は万能ではないのです。

いくら言葉を尽くしても、自分がイメージすることと、
伝えた相手がイメージすることが
一致しないことはしょっちゅう起きてしまう傾向があります。
つまり、**言葉そのものに、認知のズレが起きてしまう原因があるのです。**

「自分がこう思っているから、相手もこう思うはず」
「自分の考えを言葉にしたから、相手に伝わるはず」

実はそんなことはないのです。

人間の脳は、そうはできていないのです。

じゃあ、どうしたらいいのか?
実は伝え方がうまくなるいい方法があるのです。

その答えを伝える前に、ここでひとつ質問があります。

Q

とんかつは、洋食だと思いますか？和食だと思いますか？

伝え方をテーマにした本で、いきなり何を聞いてくるんだと思うかもしれませんが、この質問は「伝えること」とつながっているので、ぜひ考えてみてください。

この「とんかつクエスチョン」を20代〜60代の100人にしてみたところ、こんな結果になりました。

洋食だと思う　35人
和食だと思う　65人

ええっ洋食（和食）って考えた人っているんだ!?
そう思った方もいらっしゃるでしょうか。

洋食だと思うと答えた人に聞いたところ「もともと洋食屋さんにあったイメージがある」「見た目が洋食っぽい」などがその理由でした。
和食だと思った人の理由は「とんかつ屋さんが和食のテイストだから」「みそ汁と合うので」「日本で生まれたものだと認識している」などでした。

ちなみに、全体では「和食だと思う」という人のほうが多いのですが、おもしろいことに**年齢が上にいくにつれ「洋食だと思う」という人が多くなっていました。**

この質問に正解はありません。
ここで伝えたいのは、**同じ「とんかつ」に対しても、人によって持ってい**

るイメージが違うということです。

そう、「認知のズレ」があるのです。この「認知のズレ」が、コミュニケーションがうまくいかない大きな壁になっています。

紹介が遅れました。脳科学者の西剛志《にしたけゆき》と申します。

剛志は、「たけし」と読まれることが多いのですが、この漢字で「たけゆき」と読みます。

長年、脳の研究を続けていますが、その中でも大きな研究テーマが「うまくいく人とうまくいかない人の差はどこにあるか？」です。

これまで5000人以上の人を研究してきた結論として、うまくいくための大切な要素がわかりました。それが「コミュニケーション力」です。

逆にいえば、**うまくいきたければまずコミュニケーション力を磨け**、ということでもあります。

ただ、**コミュニケーション力を磨くうえで大きな誤解が2つあること**に気づきました。

そのひとつが、先ほどから書いている**「コミュニケーション力を高めるためには、言語化の力を鍛える」**という点です。言語化の力を鍛えることも、もちろん大切ですが、言語化の前に大切なことがあります。

もうひとつの誤解、それは**「コミュニケーション力が高いのは、天性（生まれつき）のものだ」**という思い込みです。

言葉の能力の遺伝率は15％から最大でも50％といわれています。

これは断言しますが、**性格や人格と関係なく、コミュニケーション力を高めることはできます。**

高めるための技術がある

ということです。

ちなみに、悪い例ではありますが、詐欺師は、技術によってコミュニケーション力を磨くそうです。

イソップ物語の中に「北風と太陽」という話があります。
北風と太陽が、旅人のコートを脱がせる勝負をします。
北風は、力ずくでコートを吹き飛ばそうとしますが、
旅人は吹き飛ばされまいと逆に抵抗します。
しかし、太陽は旅人を暖かく照らすと、
旅人は自らコートを脱いで太陽が勝利するという話です。

この話こそ、私はコミュニケーションの本質だと思っています。

北風型のコミュニケーションをとる人は、自分の伝えたいことをどんどん伝えていきますが、相手にはなかなか伝わりません。

太陽型のコミュニケーションをとる人は、まず相手の頭の中を考え、相手に合わせて理解しやすいように、伝えます。

北風型のコミュニケーションは認知のズレが起きやすく、太陽型のコミュニケーションは認知のズレが起きにくい。

私がすすめたいのは太陽型のコミュニケーションです。

そして、この認知のズレをなくすための太陽型のコミュニケーションこそ、冒頭（3ページ）の「伝え方が下手な人」から「伝え方がうまい人」になるには？という質問に対する答えだと考えています。

これまで数多くの「伝え方」「話し方」「コミュニケーション」に関する書籍が刊行されています。それでもいまだにこの分野の本が多くの人に読まれているのは、「伝える」ということがなかなかの難問だからなのではないでしょうか。

この本では、これまでいろいろな本で書かれてきたことの解像度を上げることで、本当の伝わる力を身につける、それもできるだけ簡単に、ということにトライしています。

たとえば、よく**「相手の頭の中を考えて伝えることが大切」**とこれまで多くの本で書かれています。「相手の頭の中を考える」ことは大切です。

でも、**どうやって相手の頭の中を考えるか、その方法についてはこれまであまり解像度の高い解決策が提示されてこなかった**んじゃないかと思います。

この本では、相手の頭の中を考えるために、この3つに分解しています。

相手の頭の中を考える

- **①相手のバイアスを知る**
- **②相手の脳タイプを知る**
- **③相手の価値観を知る**

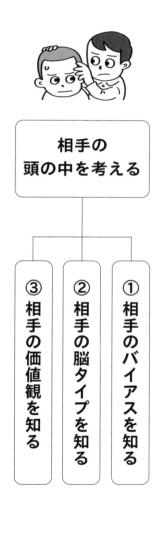

3つについては、このあとこの本の中で解説をしていきますが、こう分解すると、いろいろとわかることがあります。

たとえば「雑談の価値」です。

「打ち合わせ前などに、場の雰囲気をつくるために雑談をしましょう」ということがいわれています。でもこれだと雑談の意味って、フワッとしています。

相手の頭の中を考える3つの視点がわかれば、雑談の価値はもっと明確になります。

そうなると、これが雑談の意味になります。

雑談は「相手のバイアス」「相手の脳タイプ」「相手の価値観」を知るためにする。

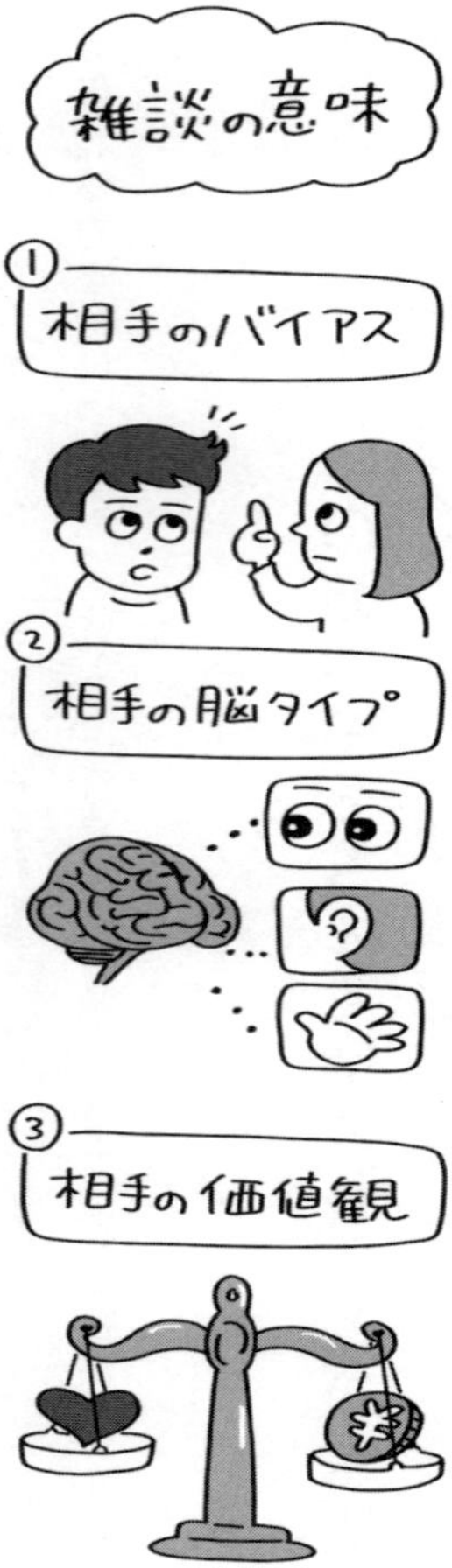

このように、これまでの多くの本ではフワッと伝えられてきたことに対し、この本ではより解像度を高めて、ちゃんと成果につながるように、より具体的な考え方、よりシンプルな方法を紹介します。

うまく伝わらないのは、いってみれば**「伝え方の免許」**を持っていないようなものです。

無免許で伝えようとしていると、事故が多発します。

でも、**「伝え方の免許」を持っていれば、事故を防ぐことができる**のです。

この本で伝えたいのは、脳科学から見たコミュニケーションの本質です。

お互いがお互いを考えることで、伝えたいことが伝わるようになる。

さらに人間関係性もよくなる。

そういうゴールを実現するための考え方や方法を紹介していきます。

では、始めましょう。

脳科学者　西剛志

目次

第2章　相手の認知のクセをつかめ

第3章　相手の脳タイプに合わせて伝える

第4章 脳科学が導き出した伝わるコツ 解像度を上げる

第5章 脳科学が導き出した伝わるコツ 相手を知るには「質問の技術」が使える

伝え方がうまくなるための道

（この本の使い方）

脳の特性を知る

- 視点の理解について知る ◉ 第1章へ！
- 認知のクセを知る ◉ 第2章へ！
- 脳タイプを知る ◉ 第3章へ！

伝わるための技術を身につける

- 相手の解像度を上げる ◉ 第4章へ！
- 質問の技術を身につける ◉ 第5章へ！
- 比較と選択肢を駆使する ◉ 第6章へ！
- さらに伝わるコツを学ぶ ◉ 第7章へ！

チームづくりを学ぶ

- うまくいくチームづくりを知る ◉ 第8章へ！

究極の伝え方上手「カリスマ」になる！

- カリスマになる ◉ 第9章へ！

伝え方がうまい人に！

第1章

コミュニケーションで大切なのは、「言葉」の前に「視点の理解」

言語化には限界がある

「一生懸命伝えても、肝心なことが伝わらない」
「何回話しても、理解してくれない人がいる」
「相手の理解が十分でない」

そんな悩みや不満をよく聞きます。

相手になかなか伝わらないとき、繰り返し伝えようとしたり、言葉を尽くして伝えようとする背景には、

- 繰り返し話をすれば、相手は理解してくれるはず
- 言葉を尽くせば伝わるはず

こんな期待があるからです。

背景にあるのは「話せばわかる」という考えです。

果たして、「話せばわかる」という考えは正しいのか？

答えは「ＮＯ（ただし限定的にＹＥＳ）」です。

お互いに話を聞こうという姿勢があり、価値観や目標が共有されていて、感情的な壁が少ない。そういうことが揃っている状況なら「話せばわかる」が成り立ちます。

一方で、ＮＯの理由はいろいろです。

- 利害が対立している
- 価値観が違う
- こちらの言語化の力が弱い
- お互いの知識や経験に差がある
- 相手を理解しようとする意欲がない
- 非言語の要素でマイナスがある

こんなケースでは、「話せばわかる」はなかなか成立しません。

「言語化が大切」ということはよくいわれます。確かに言語化は大切です。でも一方で、いくら言語化してそれを伝えても、伝わらないことはよくあります。言葉には限界がある。**「言葉」は決して万能ではありません。**

でも、私たちは言葉を中心にしてコミュニケーションをしています。なので「言葉には限界がある」なんていわれても、困ってしまいますよね。

言葉が不要ということではもちろんありません。**言葉を使う前に大切なことがある、**ということです。

その大切なことを知ったうえで言葉を使うと、「伝わり方」がみるみる変わります。伝わるようになるのです。

「伝わり方」を劇的に変えるコミュニケーションの最強の武器、それが**「視点」**です。

視点とはいってみれば、**「注目するポイント」**のこと。

居酒屋に数人で行ったときに、何を注文するかは人それぞれです。まずは枝豆からという人もいれば、最初から焼きそばを頼む人もいます。同じメニューを見ていても視点はバラバラです。

一方で、「最初の一杯はどうする？」と聞くと、みなから「とりあえずビール」と返ってくる。これは、視点が一致しています。

もし目の前で、タクシーを蹴っている人を見たらどうでしょうか。誰もが「怖い！」と思うような人かもしれませんが、もしその人が運転手に財布をとられて「ドアを開けろ！」と言っていることを知ったら、その人への認識は変わります。同じシーンでも視点が変わります。

うまくいかなかったとき。「最悪だ！」と思う人もいれば、「この失敗を次に生かそう」と思う人もいます。

同じものを見ても、見る視点によって「とらえ方」はまったく変わります。これが視点です。

「言葉」の前に「視点」。これこそが、コミュニケーションがうまくいく大切なポイントです。

話がうまいこととコミュニケーション能力は別物

私は長年、脳科学の研究をしています。

なかでも「うまくいく人とそうでない人の違い」を主な研究テーマにしています。

仕事で、プライベートで、人間関係で、「うまくいく人」はどんな人なのか。

その研究結果からわかったことがあります。

うまくいく人といかない人の大きな違い、それは**「コミュニケーション力」**の差でした。

うまくいかない人の多くは、コミュニケーションが下手な人でした。

一方で、うまくいく人はコミュニケーション力が高い人でした。


ほかの能力よりも、コミュニケーション力がポイントだったのです。これはつまり、「仕事がうまくいかない。どうしたらいいか?」と悩んでいたら、まずは「コミュニケーション力を磨くこと」だということです。


実はこのコミュニケーション力について誤解している人も多いようです。それは「コミュニケーション力が高い」＝「話がうまい、話がおもしろい」と思われていることです。

そんなことはありません。「話はうまくないけどコミュニケーション力が高い人」もたくさんいます。

コミュニケーション力が高い人に共通することは、話がうまいかどうかではありません。それじゃあ何なのか？

それはズバリ **「視点の理解」** でした。

「言葉」の前に「視点」が大切と書きましたが、相手の「視点の理解」こそが、コミュニケーション力を高めるポイントだったのです。

たとえば、意見が対立したとき、私たちは自分の意見を主張しあい、まるでケンカのようになることがあります。

しかし、そんなときは、あることをするだけで解決することがわかっています（デンバー大学の研究）。

それは、**お互いの視点を相手に伝える**ということでした。

このことを脳科学では「視点の理解のコミュニケーション」と呼びます。

意見が対立したときに、お互い感情的になって自分の意見を押し付けることは、コミュニケーションにおいては**最悪の事態**です。

勝ち負けを決める競技であれば、押し付けも意味があるでしょうが、コミュニケーションのゴールは「相手に伝わること」「お互いにできるだけ理解すること」ですよね。そのためには、自分が言いたいことを言うのではなく、「相手の視点の理解」が大切なのです。

コミュニケーションが下手な人は、「自分の考えをどう伝えるか」ばかり考えます。

一方で、コミュニケーションがうまい人は、「相手がどうしたら理解してくれるか、相手にどうしたら伝わるか」を考えています。

似ているようで、思考のベクトルが真逆なのです。

どうでしょうか。伝わるために話し方の練習をするとか、言語化力を高めるためにインプットを増やすとか、そんなことの前に、「相手の視点を理解する」。このことを知っているだけであなたの伝え方は大きく変わるはずです。

伝え方がうまくなりたければ、「相手の視点を理解するコミュニケーション」。これが一番大切なことなのです。

相手の頭の中を「質問」で観察する

相手の視点を理解するためには、相手の頭の中を想像することです。

そうはいっても、いきなり想像するのは難しいですよね。

「相手の立場に立って考えましょう」

何度も言われてきたことがあるのではないでしょうか。

また、伝え方や話し方の本でも、「相手ベースで考えよう」「相手が何を知りたが

っている か考えることが重要です」と書かれている本が多くあります。

でも、そのたびに**「相手の立場に立て、考えろ、と言うけれど、どうやればいいんだ！　それを教えてくれよ！」**と思ってしまう人も多いでしょう。

その手の本を読んだときにはなんとなく「なるほど」とわかった気になっても、いざ実践しようとなると、なかなかうまくいかない。

そこで、理解するための道具になるのが「質問」です。質問を通して相手を理解していきます。

質問を活用して相手の頭の中を観察していくのです。

たとえば、意見の対立が起きてしまった場合。

「私はこう思っている！」と自分の意見を相手に押し付けようとしてしまうことはありませんか。でも、この押し付けは脳の特性を考えるとNGです。

自分の意見の押し付けは、相手の理解を生むことにはつながりません。むしろ反発を買う可能性が高く、マイナス効果です。

理由は、人間の脳にあります。脳は「快感」を感じたときに言葉を受け入れやすくなる。相手からの押し付けは快感を生みません。また脳は言われたことと逆のことをしようとする特性もあります。だから、マイナス効果なのです。

では、意見が対立したときはどうしたらいいか？

対立したときは相手の視点で語ることです。

「あなたはこう思っているということですか」というように、相手に質問します。そうすれば、対立ではなく「いい議論」に変換することができます。

相手の視点の理解をしたうえで、価値観や感じ方など認知のズレをなくすために「質問」を使って相手とチューニングしていくのです。

上司：「最近、この仕事はどう？　うまく進んでる？」

部下：「うまくお客さんとやり取りができなくてストレスなんですよね」

上司：「そうか。きみはさ、まず言葉の使い方とか敬語から直していったほうがいいかも」

部下：「えっ敬語ですか」

後日、上司は、部下にマナー本をポンと手渡して、こう言いました。

上司：「とりあえず、これ読むことから始めてみたら？」

部下：「……」

こんなふうに、部下から仕事のストレスについての話があったとします。

上司は自分の感覚で「お客さんとのやり取りがうまくいかないのは部下の話し方に問題がある」と決めつけています。その改善のために本を部下に渡してしまう。

これは部下からしたら、「この人は何を考えているのか？　自分の悩みに対してとんちんかんなことを言っている」。そう思っています。上司と部下との視点のズレが生じます。**これを「認知のズレ」といいます。**

そこで、相手に質問をしながら、「お客さんとのやり取りがうまくいかないのはどの部分にあると考えているのか」、そして「それによってどんなストレスを感じているのか」と、その理解の解像度を上げていくのです。

具体的にはこんな感じです。どんなところがうまくいかないと考えているか？それはどこに原因があると考えているか？

また、ストレスに対してはこんな質問をしていきます。

いま、正直どんな気持ち？　それは「怒り」か？「悲しい気持ち」か？「不安な気持ち」もしくは「怖い気持ち」か？

こういう感じで、できるだけ具体的に聞いていきます。

「初めて挑戦する仕事なので、すごく怖い気持ちがあります」

部下の感情の根っこがわかれば、対策もとりやすいですよね。

私は、いろいろな人から相談を受ける機会が多いのですが、**同じような悩みを持っていても、人によってその背後にある感情はまったく違います。**

怖いと感じる人もいれば、不安と感じる人もいるし、やる気がしないと感じる人もいる。そこをまず理解することが最初のステップです。

相手の気持ちを正確に理解するためには、相手の情報が必要です。その情報収集を質問でするのです。相手の気持ちを「質問」を使って聞くことが、相互理解につながるのです。

仕事でよくあるのが、この感情の部分をスルーしてしまうことです。

何か課題が生じたときに、その課題の改善策だけを提示して、背後にある感情は無視されていることがよくあります。

だから、いくらお互い話をしても、理解できなかったり、わかりあえなかったりすることが生まれるのです。どんな感情がベースにあるかを知っておくことは、コミュニケーションをうまく生かせる必須要素です。

お互いが見ている世界は
かなり違っている

ここで、この絵を見てください。
認知科学の世界で有名な『妻と義母』というタイトルの絵です。

Q

この絵に描かれて
いるのは

A 若い女性
B 年老いた女性
どちらに見えますか？

実は、この問題に正解はありません。どちらにも見える可能性があります。
もう一方の絵が見えない人は、この解説←を見てもらうと、見えるようになるはずです。

(A) 若い女性

(B) 年老いた女性

しかも近年、この2種類の絵の見え方が年齢によって変わることもわかってきました。

この絵を0・5秒見て、何に見えるかを瞬時に判断してもらうのですが、比較的若い人（20代）は「若い女性」(A)と答える人が多く、年齢が高い人（40代以降）は「年老いた女性」(B)と最初に答える人が多かったのです（次ページのイラスト）。

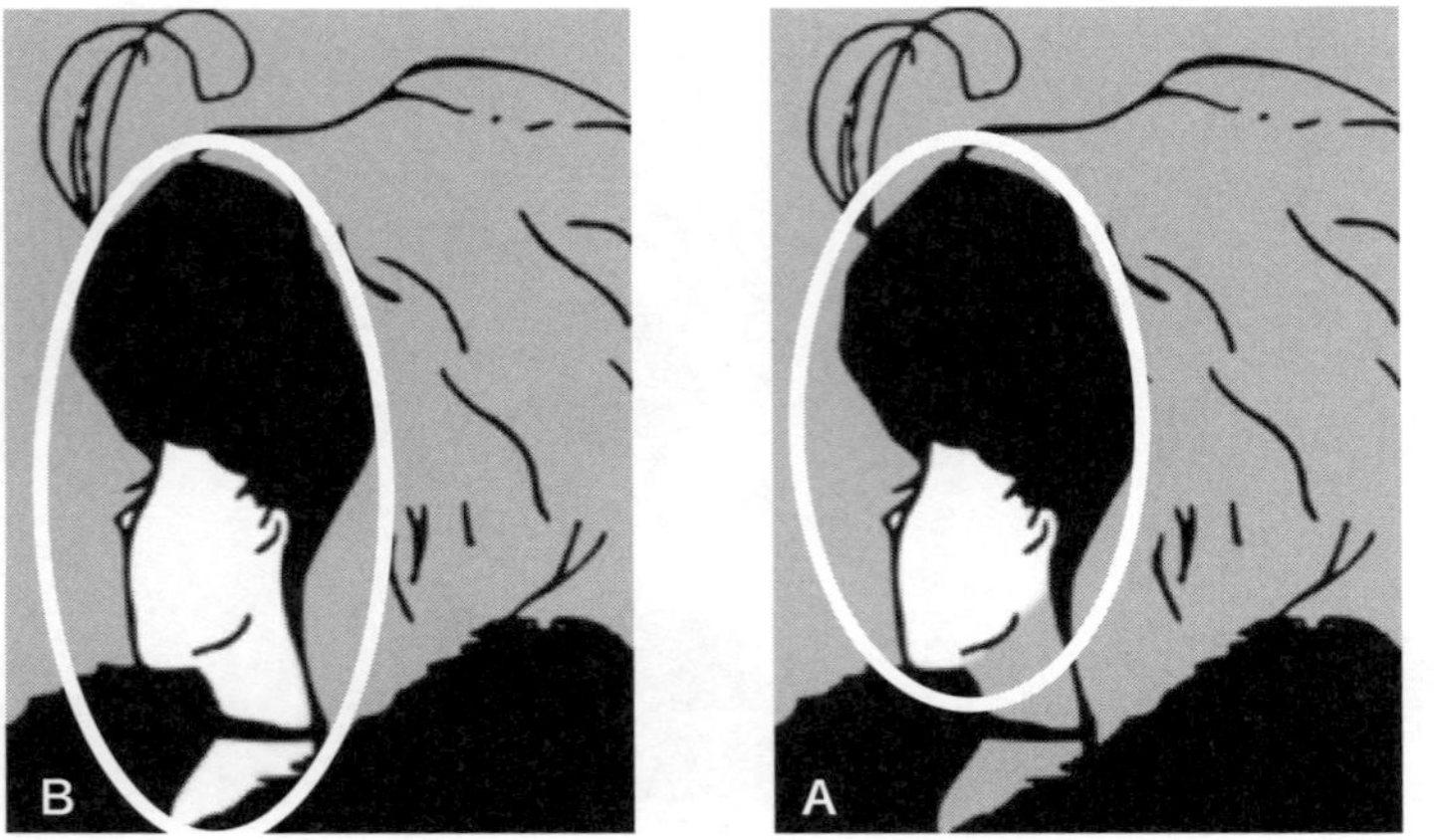

Brouwer.A,et al.Sci Rep.2021 のイラストを一部改変

脳は自分と同じものに関心があるため、若い人は、上記のAという世界を見ています。しかし、年齢が高くなると脳が似ているものに関心を向けるため、Bという世界を見やすくなります。

同じ絵を見ても、人によって見え方が変わるのです。

これは7ページで質問した「とんかつクエスチョン」と同じです。

大切なのは、お互いの見え方を認めることです。

そして、「相手はどのように見えているんだろう？」と考えることです。

こうやって、自分が見ている世界と相手

が見ている世界が違うことに気づき、まずはそれを尊重し、さらにその違いを埋めていく努力をする人が、コミュニケーション力が高い人なのです。

私のもとにはさまざまな相談が持ちかけられますが、**その悩みの多くが、「お互いが見ている世界が違っていること」がわからないために起きています。**

- 会社での上司や部下、同僚とのストレス
- 夫婦の不仲、離婚問題
- 親子の関係や子育ての悩み

お互いの見ている世界が違っているせいで、伝わらない、わかりあえない状態になっているのです。

見ている世界が違えば、受け取り方も、感じ方も、考え方も違ってきます。

「認知のズレ」はあたりまえに起きています。

そして、この認知のズレを起こす大きな原因、**それが「脳のバイアス」です。**

バイアス。最近、よく聞く言葉ではないでしょうか。

バイアスとは、先入観や偏見、思い込みなどからくる思考のクセのことです。

変化を好む人もいれば、変化が苦手な人もいる。
ポジティブ思考の人もいれば、ネガティブ思考の人もいる。

ざっくりいえば、**その人の性格を形成しているのが「バイアス」です。**

脳のバイアスは、遺伝や性別だけでなく、生まれ育った地域、環境、経験によって少しずつ違ってきます。100人いれば、100通りあるのが脳のバイアスです。
だから、わかりあうことが難しいのです。

わかりあえたと思っていても、実はお互いがイメージしているもの、考えていることがまったく違う可能性もあります。「わかりあえないなんて悲しい」と思う人がいるかもしれないですが、私は悲しいことではないと思っています。わかりあえることが難しいからこそ、わかってほしいときは相手の頭の中を想像する。

それは相手へのやさしさや思いやりにもなります。

「わかりあえない」という前提に立つことで、人にやさしい視点や多様なものを認める思考が身につくのです。

あなたが見ている世界と、あなた以外が見ている世界は違います。

どんなに親しい関係の人とも違います。

それは、人それぞれ脳のバイアスがあるからです。

その違いに気づくだけで、コミュニケーションスキルは大きく変わります。人間関係のストレスも格段に減るはずです。

コミュニケーションがうまくいくポイントは、ざっくりいえば「認知のズレ」を極力なくすことです。

ここで、よく生活で起こりやすい認知のズレについてクイズをしてみましょう。

「認知のズレ」クエスチョン

Q1

「頭がいい」の定義は？

① 勉強ができる
② 頭の回転が速い
③ 視点の数が多い

「私にとって」の正解は③です。みなさんのなかには、「①勉強ができる」だったり、「②頭の回転が速い」が正解だと思った人もいるでしょう。それも正解です。よくあるのは、「あの人は、勉強はできるくせに、頭の回転が遅くて仕事ができない！」という人です。しかし、勉強ができると頭の回転が速い（さらにいうと、「仕事ができる」も）は分けて考えなければなりませんよね。そういう意味でいうと、勉強ができるも頭の回転が速いも頭がいいと考えられる視点の数が多い人が頭がいいなと感じます。

Q2

「急ぎでやって！」
これってどれくらい？

① 5分
② 1時間
③ 1日

これもよく起こる認知のズレです。「急ぎでお願いします！」と言ったのに、なかなか上がってこずにイライラする……という経験をされた人もいるのではないでしょうか。

人によって、急ぎの時間はさまざまです。私の周りにも、5分の人もいれば、1日という人もいました。5分でやってくれると思ってたら、1時間経っても、2時間経っても上がってこなくて怒ってしまうという悲劇が起きかねません。

そういう悲劇を起こさないためにも、「急ぎ」ではなく、具体的な時間を伝えるようにすることが重要なのです。


どうでしょうか？　ぜひ周りの人にも、「あなたにとって頭がいい人って？」「急ぎでやっては何分？」と聞いてみると、おもしろい回答が出てくるかもしれません。

信頼をつくるのは難しい。でも信頼感はすぐつくれる

話をするときにまず気にしないといけないことは何か？
そう質問されたら、どう答えますか？

私は迷わずこう答えます。

「ちゃんと相手の話を聞くこと」だと（「ちゃんと」のところが大切です）。

え、話をするのに大切なのが「聞くこと」？　そう疑問に思った人もいるかもしれません。

でも、「ちゃんと相手の話を聞くこと」が最短で相手とのコミュニケーションをうまく生かせる方法です。

なぜ「ちゃんと聞く」ことが大切なのか。

その理由は、ここまで書いてきた相手との認知のズレをなくすためです。「ちゃんと聞く」ことで、相手の視点を理解しやすくなります。

そしてもうひとつ、「ちゃんと聞くこと」のメリットがあります。

それが「信頼感」です。

信頼が大切ということはよくいわれていますが、ここで私が大切と言いたいのは「信頼」ではなく「信頼感」です。この「感」がつくだけで、意味は大きく異なります。

以前、こんなことがありました。

ある家電ショップにコーヒーメーカーを探しに行ったときのことです。

店員さんにコーヒーメーカーの機種ごとの特徴を聞きました。

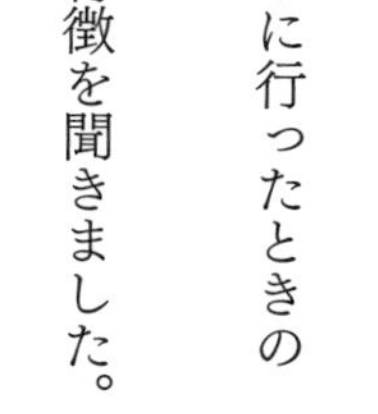

するとその店員さんは、とても流暢《りゅうちょう》なセールストークで、あるコーヒーメーカーを推薦してきたのです。

そのコーヒーメーカーは明らかに「その人が売りたいであろう」コーヒーメーカーなんだと思います。トーク内容も練られていて、口がうまいとはこういうことをいうのかというほどでした。

でも、その説明がまったく心に響かなかったんです。

「この人はこのコーヒーメーカーを売りたいんだな」ということがバレバレだったからです。

私が知りたかったのはメーカーや機種による性能の違いでした。

でもその店員さんが話してくれたのは、彼が薦めたいコーヒーメーカーのよさと、ほかのコーヒーメーカーのマイナス点でした。

結局、その日、私はコーヒーメーカーを買うことはありませんでした。

後日、ほかの家電ショップに行きました。そして前回と同様に、店員さんにコーヒーメーカーの機種ごとの特徴などを聞きました。

するとこの店員さんは、前回行ったお店とはまったく違う対応でした。

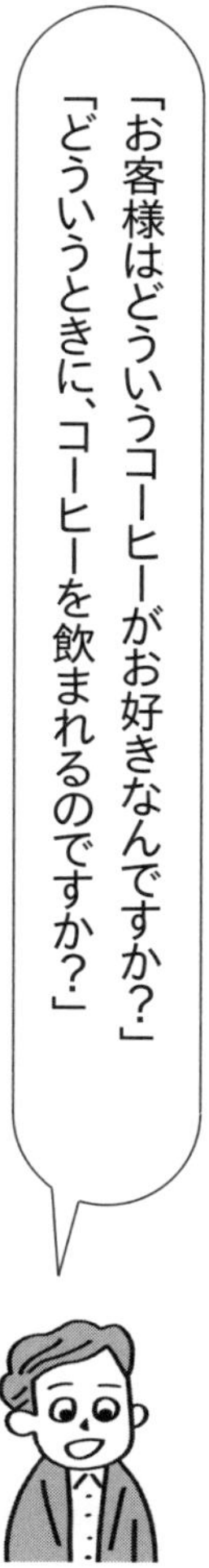
「お客様はどういうコーヒーがお好きなんですか？」
「どういうときに、コーヒーを飲まれるのですか？」

私に質問を投げかけてきたのです。その質問に答えると、

「お客様のご要望をまとめると、このコーヒーメーカーがお客さまに最適かと思います」

と言って、あるコーヒーメーカーを薦めてくれました。

この店員さんの話に納得した私は、そのお店で彼がすすめてくれたコーヒーメーカーを買いました。

同じコーヒーメーカーを買いに来たのに、1店めでは「ここでは買いたくない」と思い、2店めでは「ここで買いたい」と思った。真逆の結果です。

なぜこんなことが起きるのでしょうか？

口がうまい人っていますよね。セールスパーソンであれば、流暢に商品の魅力を話し、スラスラと話をすすめていく。でもこういう人から商品を買いたいかというと、答えはＮＯです。

理由は、「売り込もう」としているからです。

トークのスキルを使って、相手に売ろうとする。こういうときに、売り込まれる側の脳がどうなっているかご存じでしょうか？

同じコーヒーメーカーなのに真逆の結果に

このとき、相手の脳で「ミラー理論（専門用語でミラーシステム）」が起きています。

ミラー理論とは、目の前のものを自分の脳に鏡のように再現する神経細胞ネットワーク（ミラーニューロン）が働くことをいいます。有名なのは、もらい泣きや、ス

ポーツ観戦していると自分まで試合に出ているような感覚になる現象です。

要は、相手と同じような感情やテンションになることを表します。

言葉以外の、非言語の情報が相手に投影されるのです。

家電ショップの店員さんのケースであれば、店員さんの話しぶりや行動で**「この人は私のことを考えてないのかな」**と気づいてしまう。それがミラー理論です。

結局、そのせいで信頼感のある関係構築ができなくなります。

信頼感のない人の言葉は、相手には入っていきません。

信頼感が持てない人から「こうすれば？」って言われても、従いたくないですよね。

でももし同じ言葉を、信頼感が持てる人から言われたらどうでしょうか？
「こうしたほうがいいんじゃない？」と言われたら、そうしようかなと思うのではないでしょうか。

人と人がコミュニケーションをとるうえで大切なことが「信頼感」です。
信頼をつくるのには時間がかかりますが、信頼感はいってしまえば一瞬でつくれます。

そして、信頼感が持てる、持てないはミラー理論によって、わかってしまいます。

いくら話がうまくても、伝え方のコツをつかんでいても、信頼感がないと相手にはなかなか伝わりません。

嫌いな人の話は全然自分の中に入ってこないのは、信頼感がないからです。

信頼感がない人の話は、疑って聞いています。

そうなると、話す人と聞く人の間で認知のズレが発生するのです。

信頼と、信頼「感」は別物

以前、ある講演会に登壇したときに「信頼感が大切です」という話をしました。

すると、講演のあとにこんな質問をしてくる人がいました。

「信頼感が大切なのはわかるけど、信頼感ってすごく難しいので、どうやって信頼感をつくればいいのかがわからないです」

確かに信頼感という言葉は重たい感じがします。

でも、**先ほども書きましたが、ここで大切なのは「信頼」ではなく**

「信頼感」です。

「信頼」をつくるとなると、それは時間や成果などさまざまな蓄積が必要です。

でも「信頼感」はちょっと違います。

正確な言葉の定義ではないのですが、私がここで使っている「信頼感」は「信頼できるという印象」を指しています。つまり、時間や成果などの蓄積がなくても、「この人は信頼できそう」というイメージがつくれれば「信頼感がある」ということなのです。

そして、**脳にとってはこの「信頼できそう」というイメージが大切です。**

先ほど紹介した家電ショップでの話も、店員さんに対して私は「信頼」を持ったわけではなく、「信頼できそうかな」という「信頼感」を持ったのです。

信頼と信頼感の違いをここでハッキリさせておきます。

- 信頼　↓　頼りになると信じること
- 信頼感　↓　頼りになりそうと感じること

これはあくまでも私の定義ですが、信頼をつくるには時間がかかりますが、信頼感はいってみればすぐにつくれます。

そして、信頼感をつくりたければ、まずは相手の話を「ちゃんと聞く」ことです。こんなシンプルなことなのですが、意外にないがしろにされています。

上司は自分の部下の話をちゃんと聞いているか？
部下は上司の話をちゃんと聞いているか？
夫は妻の話をちゃんと聞いているか？
妻は夫の話をちゃんと聞いているか？

振り返ってみると、意外に「ちゃんと聞く」ができていないことはよくあります。夫婦関係で「夫の言うことについ反発してしまう」「妻の言うことを最後まで聞けない」という話をよく聞きます。

自分の話ばかりする、相手に関心が薄い、相手の非をすぐ責める、自己弁護する……。長年連れ添った夫婦だからという甘えもあるかもしれませんが、こういう行為が積み重なると、ミラー理論で相手に伝わります。

「夫婦なんだから信頼関係があるはず」と思い込んでいる人もいるでしょう。でも、もし夫や妻の言うことを素直に聞けないことが多いと感じたら、それは信頼感が薄れてきているのかもしれません。手遅れになる前に、まずは「ちゃんと相手の話を聞く」ところから始めてみるのはどうでしょうか。

このちゃんと聞くためのヒントは、質問をうまく使うということなのですが、詳しくは第5章で解説してみるのでぜひ読んでみてください。

第２章

相手の認知のクセをつかめ

「伝わる」とは認知のズレをなくすこと

コミュニケーションがうまくいくポイントは「認知のズレ」をなくすこと。

認知のズレが起きるのは、第1章でも書きましたが、**自分にも相手にも「バイアス」があるからです。**

だから、バイアスを知っていれば、認知のズレを最小化できます。

相手がどういうバイアスを持っていそうかを考えながらコミュニケーションができるからです。

この章では人にはどんなバイアスがあるかを紹介していきます。人には200個以上のバイアスがあるといわれています。その一例がこの表です。

コミュニケーションを阻害・促進するバイアスの例
■透明性の錯覚 自分の感情や考えていることが、実際以上に他者に伝わっていると思うバイアス。
■自己中心性バイアス 自分中心に世界を見てしまい、過去が都合よくねじ曲げられる傾向 （例：釣った魚の大きさが実際より大きく見える、業績やテストの点数を誇張）。
■感情移入ギャップ 怒ったり恋愛しているときに、その感情を持たない視点で考えることができない傾向。 ある感情にいないとき、その感情がある状態を想像できない
■システム正当化バイアス／現状維持バイアス 現在のやり方に問題があったとしても、未知の新しいやり方を採用するよりも知っている現在のやり方を選択しようとする傾向。
■全か無の思考（スプリッティング） グレーがなく、ものごとのすべてを白か黒かで認識。少しでもミスがあれば完全な失敗だと考える。
■確証バイアス・コントロール幻想 自分がすでにもっている先入観や仮説を肯定するため、自分にとって都合のよい情報ばかりを集める脳のクセ。（例：人は信頼できない、晴れ女、雨男。宝くじは当たる）。
■グループシンク（Groupthink）・リンゲルマン効果 グループで考えると責任感が減り、愚かな結論になってしまうこと。集団浅慮（しゅうだんせんりょ）とも言われる。
■シロクマ抑制目録／心理的リアクタンス 禁止されると、よりそれをしたくなってしまうバイアス（例：あの人とは別れなさい）。
■韻踏み効果 韻を踏んだり似たような表現を繰り返すと説得力が増す効果（イートンローゼン現象）。 リズム感を持たせたり、似た表現を反復すると、説得力や真実味が増す効果。
■曖昧性効果（曖昧性の回避）（Ambiguity Aversion） 曖昧なものは避ける傾向。数字で示すほうが相手に受け入れられやすい。
■ユーモア効果（Humor Effect） ユーモアのあることはよく覚えている傾向。ユーモアを言われたときの脳の状態は、あらゆる部分が活性化しているので、言われたことが印象に残りやすい。
■コントラストバイアス 比較すると、よりその特徴が際立つバイアス。隣の芝生は青く見える。

ここで、さきほどの表で出てきたバイアスの例で、おもしろいテストをしてみましょう。簡単なテストなので、ぜひやってみてください。

そのテストの名前は**「ひたEテスト」**です。

「ひたEテスト」のやり方

額の部分に指でアルファベットの「E」という文字を書いてください。

書いたら、今度は「E」の字の縦棒部分が、自分から見て額の右側にきたか、左側にきたかを確認してください。

このテストでわかるのは、あなたが自分視点の人か、他者視点の人かどうかです。

自分から見た「E」を書くか、相手から見た「E」

を書くか。

自分から見て右側に棒が来る人は、相手から見た「E」を書いています。左側に棒が来る人は、自分から見た「E」を書いています。

自分視点が強い人は、**自己中心性バイアス**が強いということになります。

自己中心性バイアスが強い人の特徴はこんなことがあります。

●自分の考えは常に正しいと思いがち
●人の話をちゃんと聞いていない

です。このような人、周りにもいないでしょうか？

自己中心性バイアスが強い人は、人から命令されるのが嫌いです。命令された瞬間に「いや、俺のほうが正しい」と心が燃え上がります。

そこで、「すごいですね」というように、相手の自己中心性バイアスを刺激してあげ、そうなったタイミングでお願い事をすれば、相手が何かをやってくれる可能性が高まります。相手の特徴をうまく利用したほうが、頭がいい対応策になるのです。

上司をなぜ無能だと思ってしまうのか？

「上司がバカすぎる」

「上司ガチャではずれた」

「無能な上司できつい」


いつの時代も、上司に対する不平や不満は生まれるものです。

なぜ、上司のことを無能だと感じてしまうのでしょうか？　本当に上司は無能なのでしょうか？


実際には有能な上司も、無能な上司もいますよね。

社内でそのポジションに上がっているのですから、仕事で実績を上げた、社内の立ち回りがうまいなど、何かしらの強みはあるはずです。でも、部下から見ると、上司を優秀だと思えない理由があります。

その大きな要因が**「命令」**です。

命令をする上司は、部下からは無能扱いされやすくなります。

命令はダメなコミュニケーション法なのです（詳しくは202ページに）。

「え、自分は部下に命令なんてしてない」

そう思う上司もいるかもしれないですが、この「命令」は「これをするように言いつける」ということだけではありません。

たとえば、自分の意見を前面に押し出し、部下がNOを言えない雰囲気をつくる。

たとえば、これまでのやり方にこだわり、ほかの人に有無を言わせない。

これらは、いってみれば命令です。

一方で部下からの評価が高い上司は、命令は極力使いません。命令ではなく、選択権を部下に与えています。

そんな上司がよく使っているのが**BYAF法（あなたに任せる法）というメソッド**です。

このBYAF法ですが、効果は科学的にも証明されていて、世界でたくさんの論文が発表されている信頼性の高い方法です。

やり方は簡単です。

自分の意見をいろいろ伝えます。

そして、ポイントは最後のところです。

「最後はあなたの判断に任せます」「最終的にはあなたの自由です」

そう伝えて終わるのです。

つまり、自分の意見を押し殺すわけではなく、ちゃんと伝えつつ、選択を相手に委ねる。これがうまくいく人のコミュニケーションです（BYAF法は、But You Are Freeを略したものです）。

繰り返しますが、この方法のポイントは最後の部分です。そこまであれこれと話をしたら、最後に**「きみの選択に任せるよ」**と、**選択権を渡します。**

選択権が自分にあると、それは「自分ごと」になりやすい。だから、自分で判断して行動に移しやすいのです。

このひと言を添えただけで、相手の行動の確率が2倍に上がります。

「うまくいく人」の多くはBYAF法を活用しています。

以前、ソフトバンクの孫正義さんの講演を聞いたことがあるんですが、**孫さんもまさにBYAF法の達人でした。**

これからの社会に対する危機感、変化などの話を熱く語ったあとに、「これからどんな行動をするかはあなたの選択次第です」という言葉で締めくくっていました。まるで映画のワンシーンの台詞のように。

カリスマ性のある人は、言葉が強く、引っ張っていってくれる人という印象がありますが、実はこのBYAF法を使って、選択権を相手に渡していることがよくあります。実は、そのほうがよりカリスマ性を感じやすくなるのです。

いまは強い言葉を使うと「パワハラになってしまうんじゃないか」というリスクのある時代です。こんな時代だからこそ、パワハラにならないように話しながら、行動変容を促すことができるＢＹＡＦ法は、ぜひ身につけておきたいメソッドです。

パワハラになるかもと心配して、部下の指導ができないという話をよく聞きます。何かを言うと強く感じられる。でも言わないと育てることができない。そんな心配がある人はＢＹＡＦ法を使ってみてください。

超常現象などを扱うテレビ番組で有名な言葉に**「信じるか信じないかはあなた次第です」**というのがありますが、あの言葉も、まさにＢＹＡＦ法です。あのひと言で、視聴者は自分ごととして考えるようになり、「もしかしたら真実かもしれない」と感じるようにもなるのです。

価値観を認識するだけでも、見え方は変わる

「上司はなぜ無能なのか？」問題には価値観の相違が根本にあるケースもあります。実際に無能な上司もいると思いますが、多くは価値観の違いが、相手から「無能」の烙印を押される理由なのです。

そんな価値観の違いがある場合は、**「ＡＢＸシステム」を使えば、「上司はなぜ無能なのか問題」を解決することができるかもしれません。**

「ＡＢＸシステム」のＡとＢは人。Ｘは対象となる考えや意見です。

もし職場で気まずい空気があるとしたら、その正体はこのＡＢＸシステムで説明できます。

ＡさんとＢさんが注目しているＸに二人ともプラスの感情を持っていれば、二人の感情はプラスになります。逆に、ＡさんとＢさんがマイナスの感情を持っていて

― ABX システム ―

も、二人の感情はプラスになります。

同じものを好む、同じものを嫌う相手は、脳にとっては「仲間」だからです。

一方で、Xに対する感情がそれぞれ異なってしまうと、二人の感情はマイナスになります。脳にとっては、反対のものを持っている相手は「敵」になってしまうのです。

AとBとXの3つのバランスが崩れたときに、人は不快感を覚えることがわかっています。

具体的に説明するとこういうことです。

Aがあなた。Bが上司。Xが仕事に対する意見です。たとえばXが「残業しても仕事を終わらせるべきかどうか」だったとします。

こういうとき、あなたは上司にどういう感情を持つでしょうか？

「考え方が古い」「効率が悪い」「上の顔色見ているからそんな判断しかできないんだ」……いろいろな見方ができるかもしれません。

A（あなた）残業して、仕事を終わらせるべきだ　↓あり得ない（痛み）
B（上司）残業して、仕事を終わらせるべきだ　↓その通りだ（快感）
Xに対して、AとBはまったく違う感情を持っています。これが、バランスが崩れた状態です。

では、この状態からどうバランスを整えればいいのでしょうか。

あなたと上司の価値観は違っています。そこを一緒にするのは難しい。

でも、価値観を一緒にしなくてもいいんです！　お互いの価値観を共有すればいいのです。

あなたは上司がそういう価値観を持っていることを知る。できれば、なぜそういう価値観を持っているかを聞く。そして、何かを判断するときに、上司のその価値観を思い出す。それだけです。

上司の価値観に忖度する必要もありません。自分の価値観をベースに考えていいのですが、そのとき「上司にはこういう価値観があるんだった」と思い出すだけで、コミュニケーションの取り方は変わってきます。

「理解」をするのではなく、「認識」をする

こうして、お互いの「認識」を一致させるだけでも大きな成果があるのです。

それだけで、コミュニケーションがやさしくなります。相手のことを認識しているだけで、無理に自分の意見を通すのではなく、話し合いができるようになります。

そうなれば、**上司に対し「無能」と感じていた部分は「個性」に変化していきます。**

以前、こんなことがありました。

創業当初、私の妻が仕事を手伝ってくれていた時期、ある大きな講演会があったときのことです。

私は妻に「講演会の資料を準備しておいてもらえるかな」と頼みました。

大事な資料だったのですが、頼んでから1週間経っても準備している様子はありません。2週間経っても準備してくれていない。そしていよいよ講演の3日前になっても、それでも準備してくれていませんでした。

普段、私は怒ることはないんですが、そのときはだんだんイライラが募ってきて、妻に声が大きくなってしまいました。

「なんでこんな大切な資料を準備してくれないの？」

すると妻はこう返答したんです。

「すぐにやってと言われなかったから、ギリギリでいいと思った」と。

私の中では大きな仕事は早く準備して心理的に楽になりたいという無意識のルールがありました。勝手にそうするのがあたりまえと思い込んでいたんです。

でも、妻はそれを知りません。共有もできていませんでした。

時間に対する価値観の違いをお互いに認識していなかったのです。

そこで、今後はこういうことがないよう価値観の共有をしました。

「今回は僕がちゃんと伝えてなかったのが悪かったんだけど、今後大きな講演会があるときは、すぐやってくれたら自分としてはすごく助かるので、お願いしてもいいかな？」
そう提案したら、「もちろんいいよ」と妻は答えてくれました。

それ以来、大きな講演会の仕事があったときは、すぐに準備してくれます。

価値観の共有はできていると思い込んでいても、こんな感じに共有できていないことは多々あると思います。
価値観の共有ができればコミュニケーションはかなり改善されるはずです。

たとえ価値観が大きく違っても、お互いの価値観を認識するだけでもいいのです。

私が大学で共同研究をしていたときの話です。
ほかの大学の教授に付いてサポートをしてもらっていました。
その教授は最初は気さくで感じがよかったのですが、一緒に研究を始めてみると、つねに早く結果を求める人で、結果が出ていないときは明らかに機嫌が悪く、すごい剣幕で怒りを爆発させることもありました。いまでいえばパワハラです。何人もの研究者たちがうつのようになって、辞めていくのを見ていました。

チームが結果を出していないと、私にも火の粉がふりかかることもありました。「この人は結果ばかり求めて何なんだ！」「もっとプロセスを見てものを言ってほしいよ」と正直、不満に思うこともよくありました。

しかし、ある日、思ったのです。

どうして、この教授は「こんなに結果ばかり求めてくるんだろう？」と。

そこで、教授とごはんを一緒に食べたときに聞いてみました。「教授はなんで研究者になろうと思ったんですか？」

すると、返ってきた答えは、普段の教授からは想像できない意外なものでした。

「私は小さい頃、父親を亡くしてね。それが癌《がん》だったんだ。そのとき、自分は癌をこの世界からなくす科学者になりたいと思ったのがきっかけかな。いまもたくさんの人が癌で亡くなっているけど、僕は一刻も早く患者さんの役に立ちたいんだ」

私はこの言葉を聞いたとき、彼に対する印象がガラリと変わりました。

「これまで結果ばかりを求めてきたのは、結果を求めることが目的ではなくて、自分の父親と同じ思いをする人をいなくするのが本当の目的だったんだ」と。

私も世の中の人の役に立つために科学者になろうと思っていたので、共通の目的を見いだせたのです。

その瞬間から、結果ばかり求める彼に、寛容になることができました。

私自身は結果を出すために人を急かすことはしませんが、手段は違っても共通の目的があると認知できると、バランスのとれた状態になるのです。

「大義を持て」といわれますが、その人の表面的な価値観ではなく、大義は何かを知ると、その人に対する印象もおのずと変わっていくのではないでしょうか。

相手の認知を変えるちょっとしたテクニック

人間の認知は本当にあいまいです。

印象ひとつで認知は大きく変わってきます。これを**「環境バイアス」**といいます。

たとえば、こんなことが実証されています。

「軽いもの」より「重いもの」を持っているほうが、信頼感が上がる。

プレゼンテーションのときに、資料を紙だけで渡すか、もしくは紙だけでなくちょっと硬めの表紙をつけて渡すかで、その資料に対する信頼感が変わるのです。

おもしろいですよね。中身は一緒なのに、です。

世界的な科学雑誌「サイエンス」で発表された有名な論文があります。

就職面接の実験です。実験者が面接者の履歴書を重厚なクリップボードに挟んで用意します。そして「これからこういう人を面接します」と面接官に対して読み上げます。

すると面接官は、面接者が真剣に職を求めていると感じ、面接者に対するポジティブな印象が生まれたのです。


重いものを使うだけで、「軽く考えてないんだな」ということが伝わるのです。どんなものを使うかで、相手の認知が大きく変わるということです。

この認知を活用した方法は、仕事で活用できます。用意すればいいだけです。それだけで相手の認知が変わるなら、やったほうが得ですよね。

実は、私もこの認知法を活用しています。

私が講師をしている講座ではしっかりとしたファイルに入れてテキストを渡すことがあります。もちろん中身にも自信はあるのですが、受講してもらう人により価値の高い資料だと思ってほしいこともあり、この認知の特性を活用しています。

認定証や卒業証書などもペラペラな紙ではなく、しっかりしたホルダーに入れて渡されることが多いと思いますが、その理由も同じです。

重さだけではありません。**柔らかさも認知に関係しています。**

硬さや柔らかさなど、自分が感じた身体感覚がそのまま物事の印象として記憶されます。

たとえば、**硬いブロックを触っている人と、柔らかい毛布を触っている人**

では、硬いブロックを触っている人のほうが、融通がきかない、頑固な人と思われやすくなります。話していることがまったく同じだったとしてもです。自分の持ち物によって、実は知らないところで相手に異なる印象を与えているのです。

金属製のアタッシュケースを持って商談に臨むと「頑固でお金のことを優先して考えている人」と思われる可能性があります。

一方で、柔らかい革製のカバンを持っている人は頭も柔らかい印象になりやすい。もちろん話している内容がまったくそうでなければ、結局はばれてしまうのですが、とはいえ、道具は自分の印象をつくるうえでかなり役に立つツールです。

身体感覚が印象を支配しているのは服装でもわかります。スーツを着ているとしっかりした印象に、一方でクリエイターが意識的にラフな格好をしているのも、そういう印象を与えたいからでしょう。

おもしろいのは、**同じ人がアイスコーヒーを持っているときとホットコーヒーを持っているときで印象が変わる**ということです。アイスコーヒーを持っているときのほうが冷たい人と感じます。

見えているものによって、その人の印象が操作されているのです。

だから、温かいイメージをつくりたいときは柔らかいソファに座って、温かいホットココアなどを飲みながら打ち合わせをすると、すごくいい打ち合わせができるんじゃないでしょうか。

以前、病院の内装をデザインしている人の話を聞いたことがあります。

病院はどうしても冷たい印象になりやすい場所なので、内装のベースは白にしても、真っ白だと冷たいので、少しオフホワイトにしたり、使う素材も柔らかい印象がする木製や布製のものを使うなど工夫しているそうです。

どういう印象をつくりたいかで、同じ白でも選び方を変えたほうがいいのです。

自分のやり方に固執する人への伝え方

「人生を変えることができるんでしょうか？」

そんな質問をされたことがあります。

質問した人は、ずっと人生を変えたいと思いながら、変えられないことに苦しんでいるというのです。

「人生を変えたい」

そう願っている人も多いと思います。

一方で、

「人生を変えることには怖さがある」

そう思っている人も多いと思います。

変化することには、期待と不安が両立しています。

だから、変わりたいけど、変われない。

仕事で何か新しいことにトライしたい。
そう思っても、これまでのやり方をなかなか変えられない人もいると思います。
転職する、結婚する、離婚する、引っ越しする……、したいけどできない。

変化することが苦手な人にはどんな脳の特性があるか、それを知ることが変化することの第一歩です。

変化が苦手な人に特有のバイアスがあります。
そのバイアスがあることを理解しておくと、他人のことでも、そしてそれが自分のことでも、変化への対策を練ることができます。

変化が苦手な人が持っているバイアスは主にこの3つです。

1　現状維持バイアスが強い
2　サンクコスト効果が強い
3　確実性効果が強い

もし会社で自分の部下や上司がこの3つのバイアスを持っているようであれば、あなたがいくら「新しいことに挑戦しよう！」「変化していくことが大切です！」と伝えたとしても、たぶん伝わっていません。

まずは、この3つのバイアス所持者かどうかを知るところからスタートです。

そのうえで、どう伝えていくかを考えていく必要があります。

慣れ親しんだ状態を変えることを嫌う心の傾向

現状維持バイアスとは慣れ親しんだ状態を変えることを嫌う心の傾向のことをいいます。

「やらずに後悔するくらいなら、やって後悔したほうがいい」という言葉がありますが、現状維持バイアスが強い人にはこの言葉は当てはまりません。

理由は、やって後悔のほうが、やらずに後悔より痛みが大きいからです。

現状維持バイアスが生まれるのは、行動することでの後悔（痛み）を避けたいからです。

ただし、この後悔は時間軸で変わります。

人は、最近あったことを振り返るなど、短期的な視点では「やった後悔（行為後悔）」を思い出しやすいのですが、人生を振り返るといった長期的な視点では「やらなかった後悔（不行為後悔）」を思い出しやすいことがわかっています。

これは現状維持バイアスが強い人でも、その傾向があるのです。

なので、長いスパンで見ると、「やらずに後悔するくらいなら、やって後悔したほうがいい」という言葉は、正しいということになります。

後悔しないように現状維持したのに、長期的には現状維持したほうが後悔につながってしまうのです。

なので、**現状維持バイアスが強い人に挑戦や変化を促すときは、時間軸を変えて、長いスパンで話をしていくことが効果的**です。

ちなみに、**このバイアスが相手や自**

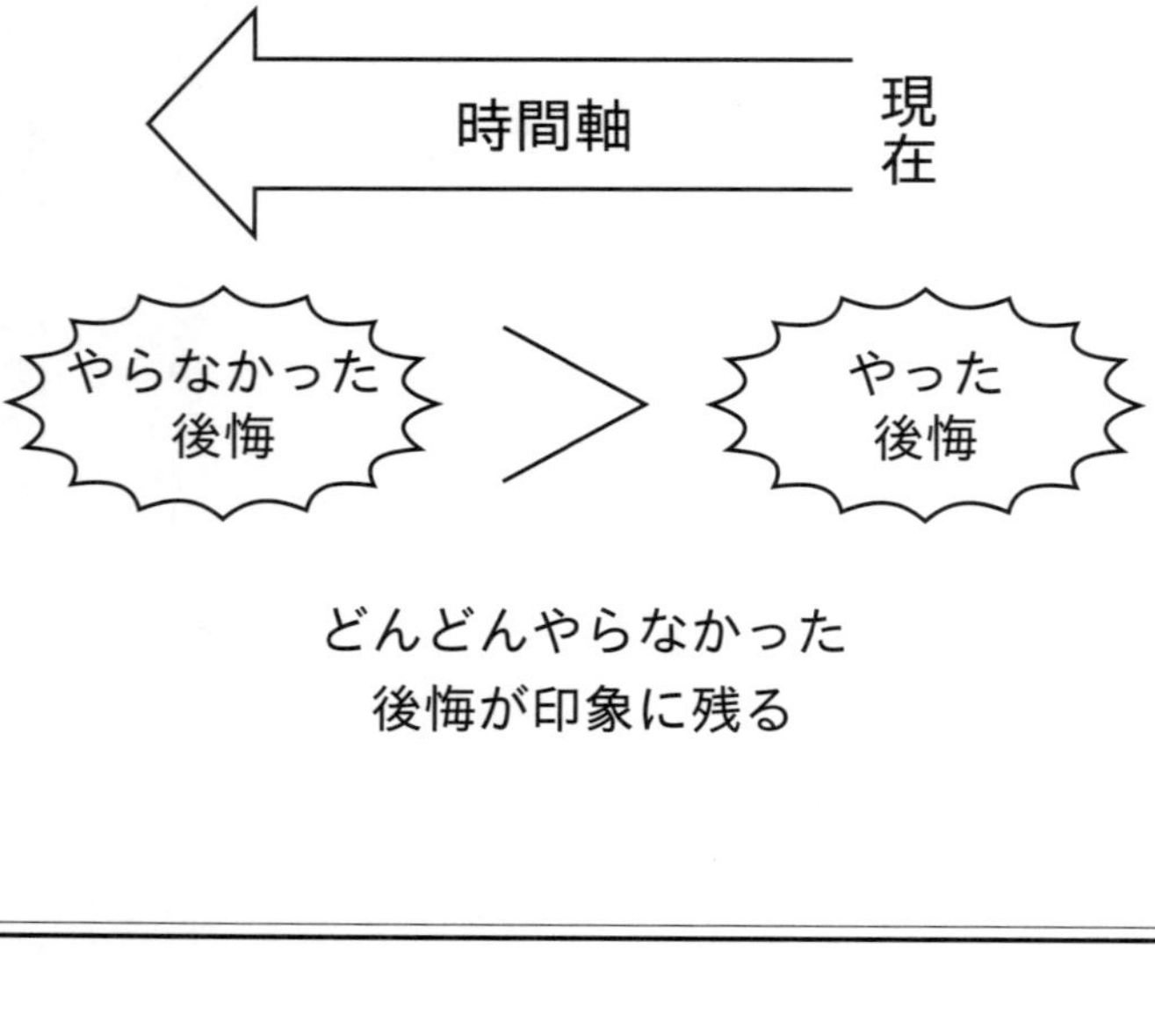

分にあるかどうかを調べる方法があります。

日々の行動を観察すると、現状維持バイアスが強いかどうかがわかります。

以下の項目にあてはまるかどうか、チェックしてみてください。

【現状維持バイアス度チェック】

- □**レストランに入ったときに定番ものを注文しがち**
- □**最新の商品にあまり興味がない**
- □**ファッションや髪型がここ最近変わっていない**
- □**つい、いつもと同じ場所や宿泊先に旅行しがち**
- □**ルーチンワークが好き**

3つ以上チェックがつくようなら、現状維持バイアスが高いと思われます。

コツコツと努力をしてきた人ほど強く持っているバイアス

変化が苦手な人が持っているバイアスの2つめはサンクコスト効果です。

このバイアスはコツコツと努力をしてきた人ほど強く持っているバイアスです。

サンクコスト効果とは、信じてコツコツと積み上げてきたことがもし間違いだったと明らかになっても、かけてきたコストがムダになることを恐れて、**いまの行動を正当化しようとする脳の働き**です。

たとえば、レストランで料理を頼みすぎてしまい、途中でお腹がいっぱいになっていても、もったいないと無理して食べることも、サンクコスト効果です。

仕事で進めてきた案件が、このままだとうまくいかないと明らかになっても、ここまでやってきたのだからとストップせずに続ける選択をする。これもサンクコスト効果です。

「もうここまで来たから後戻りできない」

そんなドラマの台詞に出てきそうなバイアスが、サンクコスト効果です。

人生においても、「ここまで自分の人生で蓄積してきたものを捨ててまで新しいことに挑戦するのにはハードルがある」と考えるのも、サンクコスト効果が影響しています。ちなみに、この場合、「現状維持バイアス×サンクコスト効果」という感じで、ひとつのバイアスだけが判断や選択に影響しているわけではなく、いろいろなバイアスがそこに影響を与えているのです。

サンクコスト効果は多くの人が持っているバイアスです。なので、自分も、相手もサンクコスト効果を持っているという前提でいたほうがいいと思います。

「サンクコスト効果が働いている」と思っ

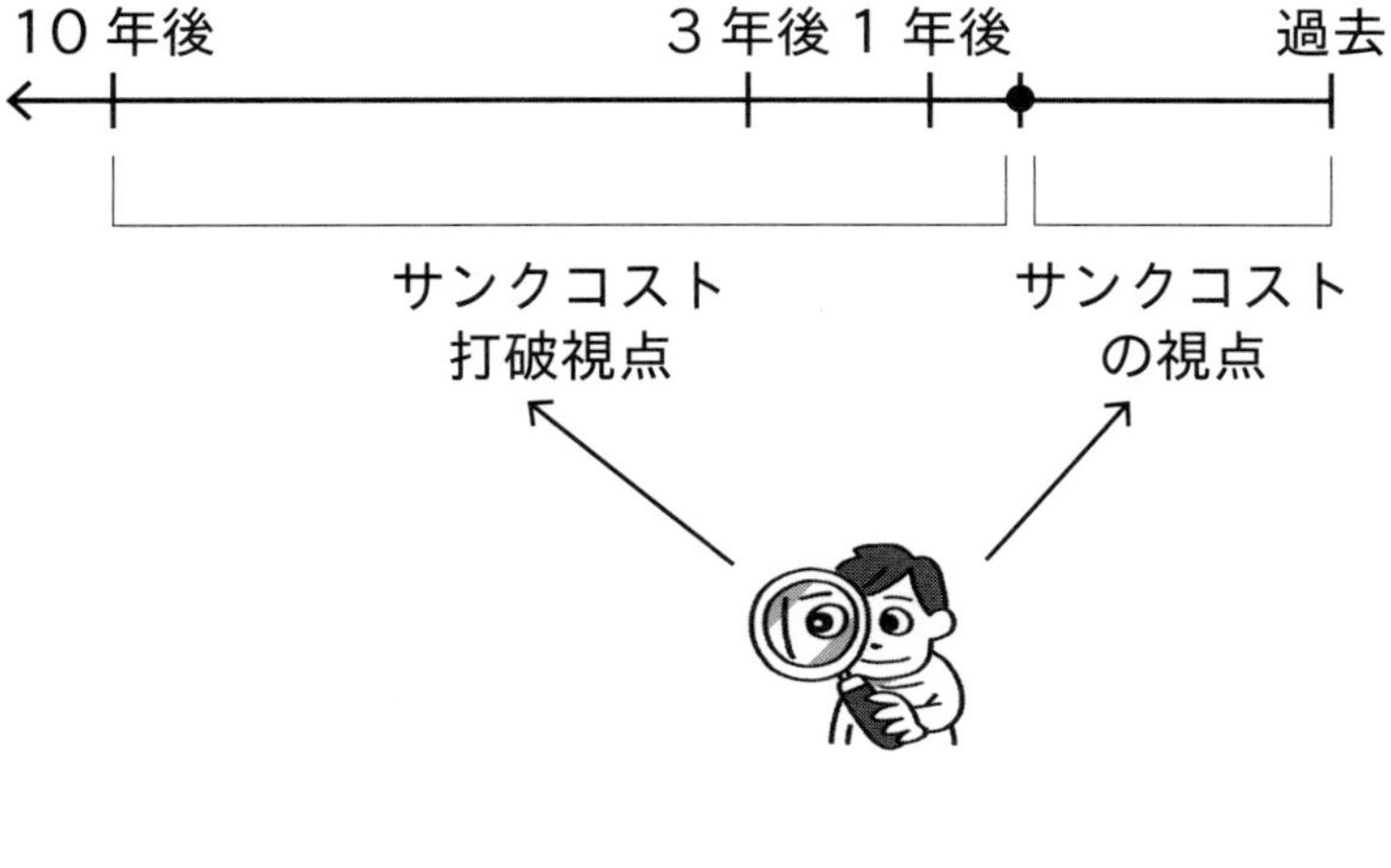

たときは、視点を変えることがポイントです。

サンクコスト効果は、いってみれば過去から現在までに視点をあてたバイアスです。

でも変化は未来にあります。この先1年後、3年後、10年後を考えたときに、目の前にあるバイアスがどう未来に影響を与えるか、を考えてみるとバイアスの影響を逃れられる可能性があります。

たとえば、このままの状態でいったら3年後にはどうなっているか？　そのイメージを明確にしていきます。変化が苦手な人には、未来に視点をあてて伝えていくのです。

過去から現在を見るのではなく、未来から逆算して現在を見るのです。

それが変化をしていく第一歩です。

現状維持バイアスも、サンクコスト効果もそこから逃れるには、視点を未来に向けることです。

未来から見て「いまはこのままでいいのか」を考えることなのです。

高確率と思えるほうを選択したくなるバイアス

変化を阻害するバイアスの3つめは**確実性効果の強さ**です。
このバイアスにはこんな特徴があります。
くじを引いて当選したら5万円がもらえるとします。
そのとき、当選確率が変化するとしたら、どれが一番うれしいですか?

1　90%から100%に上がったとき
2　40%から50%に上がったとき
3　1%から11%に上がったとき

多くの人は1と答えます。あたりまえといえばあたりまえなんですが、確実にもらえるほうがうれしいわけです。

しかし、当選する確率の上がり幅が同じであっても、成功率の上昇率がまったく異なります。

1　90%から100%に上がったとき　↓　11%の成功確率アップ
2　40%から50%に上がったとき　↓　25%の成功確率アップ
3　1%から11%に上がったとき　↓　1100%の成功確率アップ

確実性効果が高い人は、ビジネスの分野でも1をとる人が多くなり、2や3はほとんど選びません。

しかし、ビジネスの世界では、サブスクや動画配信、ＡＩなど従来なかった産業やビジネスが大きく発展しています。

確実性効果が高い人は、過去に成功している既存のビジネスをやろうとしますが、新しいビジネスはなかなかやろうとしません。

確実性効果が低い人ほど、成功体験ではなく今後伸びる可能性があれば、そこに投資しようと思います。

結果よりも伸びる可能性を見ることで、新しいビジネスでは成功しやすくなります。

過去の成功体験に固執してしまうのも、この確実性効果によります。

成功する確率が高そうなほうを選択したくなる。

でもビジネスの場合、その確率が高いものは、その分利益が薄くなることが往々にしてあります。また、前回の成功が今回の成功につながるかわからないケースも多々あります。

それでも、高確率と思えるほうを選択したくなる。でも伸び率が高いもののほうが、長期的に大きな利益を生むことがあります。こういったバイアスが選択を誤らせることもあるのです。

長く一緒にいると「わかりあえている」という誤解が生まれる

熟年離婚とは一般的に20年以上の同居期間のある夫婦の離婚を指すのですが、この**熟年離婚をする人が多くなっています。**

全世帯での離婚数は減少傾向にあるなかで、熟年離婚だけが高止まりしているそうです。

ここで、ひとつ疑問がわいてきます。

「長い時間をともに過ごすことは、お互いをわかりあうことにならないのか？」ということです。

実は、その結論の参考になる研究結果があります。

それは「結婚年数が長くなるほど、女性は相手に対してプラスの態度が減る傾向にある。男性は結婚期間が長くなってもあまり変化がない傾向にある」という研究結果です。

ちなみに、プラスの態度とは相手に共感したり、接触したいといった態度です。

つまり、**結婚年数が長くなるにつれ妻は夫への共感が薄れ、夫への関心や興味がなくなってくる**というのです。もちろんこれはあくまでも全体の傾向なので、個人差はあります。

こうした傾向をわかっていないまま、今日と同じ明日みたいな感覚でいると、ある日突然「離婚してください」と夫が妻からつきつけられることがあるのです。

これはいってみれば二人の間に認知のズレが起きているのに、そのことに気がつかず**「コミュニケーションの馴《な》れ合い状態」**が続いてしまったのが原因です。

夫婦関係に限らず、職場でも、友人関係でも、同じようなことが起こりえます。
長い付き合いは、いい関係につながることもありますが、馴れ合いになってしまうこともあるのです。

●言わなくてもわかっているはず
●ちゃんと伝えなくても理解してくれるはず
こうした感情は、危険です。

では、長い付き合いの相手とどうコミュニケーションをとればいいでしょうか？
それは、ここまで出てきたことと同様に、お互いの認知のズレを減らすことです。

長い付き合いだと、すでにできあがっている関係性があります。いきなり初心にかえって出会った頃のようにお互いに気遣いをといっても、現実味がないですよね。

そこで**「マンネリの関係を打破する6カ条」**をここで紹介します。
この6カ条を活用して夫婦であれば熟年離婚の回避を、職場であればいい関係性の維持に結びつけてもらえたらと思います。

【マンネリの関係を打破する6カ条】

1　同じ点を徹底して探せ
2　尊敬できるところ（好きなところも含めて）を無理にでも20個挙げろ
3　オウムになれ
4　成功体験を一緒に喜べ
5　夜の議論は避けろ
6　メールやLINEなどで問題点を指摘してはいけない

この6つをぜひ実行してみてください。

ひとつひとつは小さなことですが、これを組み合わせていくと大きな効果を発揮するはずです。プライベートでも、仕事でも活用できる方法です。

1　同じ点を徹底して探せ

長い間付き合いが続くのは、過去にはいい関係を築いていたからです。いい関係を構築できていたということは、以前はきっと「同じ点」があったはずです。

価値観が同じ、好きなスポーツが同じ、趣味が同じ……。同じ点があると信頼を感じやすくなるのですが、この「同じ点」という認識が薄れている可能性があります。同じ点が消えてしまったと思っているのかもしれませんし、同じ点を忘れているのかもしれません。

まずは、あらためて「同じ点」を探してみることです。

具体的に何かに書き出すと、よりハッキリと同じ点を認知できるはずです。

ちょっとしたことですが、効果はあります。ぜひやってみてください。

2　尊敬できるところ（好きなところも含めて）を無理にでも20個挙げろ

同じ点と同様に、尊敬できる点も、もともとはあったのではないでしょうか。

でもいまは、尊敬できる点、好きな点も忘れてしまっていたり、感じ方が変わってしまっていたりするかもしれません。

そこで、あらためて考えてみてください。

尊敬できる点、好きな点というのは、いってみれば相手のいい点です。

この部分を**長い付き合いのなかで見過ごしてしまっていること**はよくあります。あまりにあたりまえになってしまっていて、それがいい点であるという認識ができなくなっているのです。


でも、**こういうところは、失ったときに初めて気づいたりします。**

「あの人のこういうところ、好きだったな」とか「尊敬できるところがいろいろあったな」という感じに、失ってから思い返すことはよくあることです。

できれば失う前に気づいておきたいですよね。

そこも書き出しましょう。


脳はプラスとマイナスがあったときに、マイナスのほうにフォーカスをしてしまうことがあります。

SNSで100のいいコメントがついていても、ひとつ批判的なコメントがあると、そちらに意識が行ってしまう。

その日はずっと楽しかったのに、たったひとつの失敗で落ち込んでしまう。

脳は、無意識にその人の認知のクセや好みの影響を受けて、一面しか見ていないことがよくあります。

会社内の人間関係でも、夫婦でも不満点ばかりに目が行ってしまうことはないでしょうか。

なので、別の側面を意識的に見ることが、マンネリ関係の打破には必要です。

それを20個書き出してみてください。

20個という数字にも理由があります。それは、「そんなになさそう」と思ってしまう数値だからです。

でも、おもしろいことに、書き出したら意外に20個くらいは出てくるものです。

私は講演でこの話をするのですが、「20個書き出してみてください」と言うと、ほぼこういう反応が返ってきます。

「絶対に20個もありません！　なんならひとつもないくらいです！」

そんなときは、「時間がかかっても大丈夫なので、無理にでもとにかく20個書き出してみてください」とお願いをします。

すると不思議なことに、無理と言っていた人が、20個書けてしまうのです。

意外と真面目な点があるとか、やさしいとか、出てきます。

20個書き出していくとプラスの側面をより認知するようになるので、相手への印象が変わっていきます。

このワークをやると新婚のときのことを思い出す人もいます。

「変わってしまったと思っていたけど、意外と夫はいまも変わってないんだな、変わってない部分もあるんだな」

そんな気づきを得る人もいます。

事実は変わらないですが、目を向けてないところに目を向けると認知が変わり、認知が変わると相手への印象が変わります。印象が変われば態度が変わり、態度が変わると世界が変わる。

認知は世界を変える第一歩！

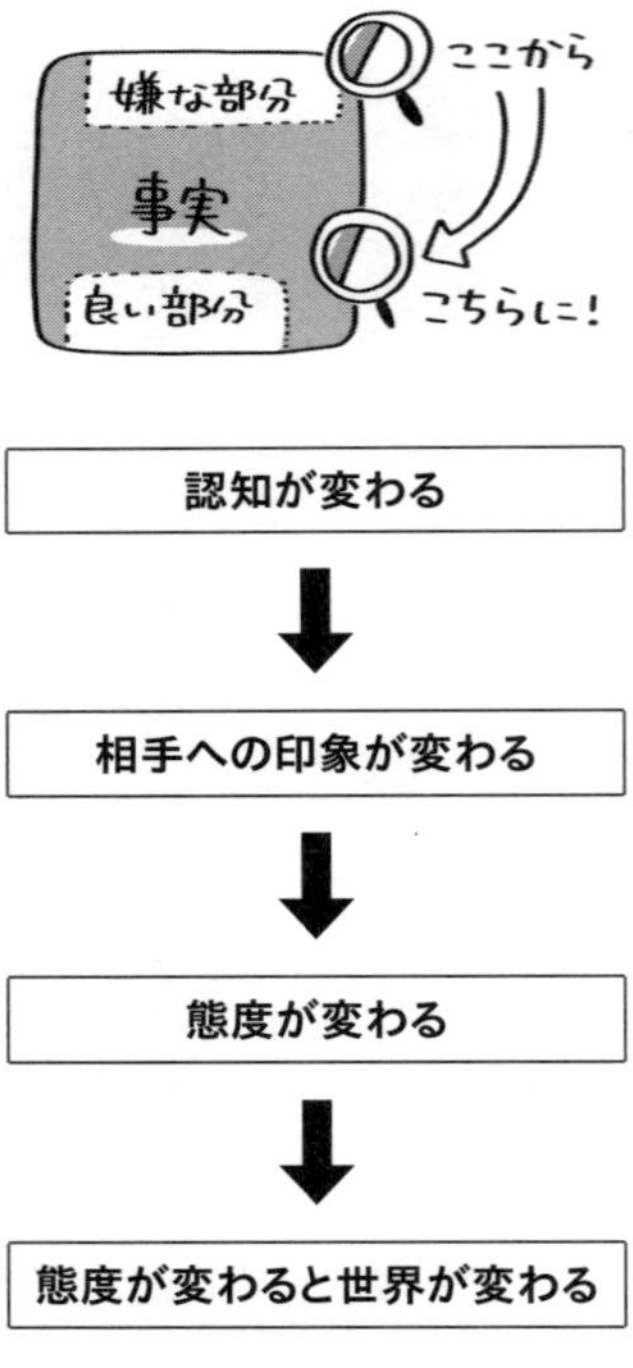

まさに、**認知は世界を変える第一歩**なのです。

ただ、逆にこういったことをしても認知の変化が難しければ、それは相手から離れたほうがいいという合図かもしれません。

必ずしも一緒にいることがいいというわけではないので、その見極めのためにもここで紹介する6カ条は役に立つと思います。

3 オウムになれ

話をしていると、自分のことを受け止めてくれているなという印象の人がいないでしょうか？

その人はもしかするとオウムになっているのかもしれません。オウムになるとは、相手の言っていることをオウム返しするということです。これを専門用語で、リフレクティブ・リスニングといいます。

受け止めてくれるような印象を相手に与える聞き方、それがリフレクティブ・リスニングです。

「反射的傾聴法」ともいい、学術的にも効果が実証されている方法です。

やり方は超簡単です。

「相手が言ったことをそのまま反射して返す」それだけです。まさにオウム返し。

「今日は友だちの佐藤さんと会ってきた」と言われたら、「ふーん、そうなんだ」ではなく、「そうなんだ、佐藤さんと会ってきたんだ」と反応する。

たったこれだけです。簡単ですよね。


なぜこんな簡単なことで効果があるかというと、脳が快感を得るからなんです。

脳はそもそも自分のことを話すと、快感を得ます（報酬系が活性化）。

相手の脳は、オウム返し（リフレクティブ・リスニング）をされると、「自分のことが話されている」と認識し、脳はまた快感を得るのです。自分のことを話して快感。相手が自分のことを話してくれてさらに快感。快感のダブル効果です。

脳って、やっぱり自分のことが一番気になるんですよね。

集合写真を見るときに、自分を真っ先に探しませんか？　これも自分が気になるからです。

4　成功体験を一緒に喜べ

「先日クライアントとのやり取りで、こちらの対応をほめてもらったんです！」

そんなことをチームメンバーから言われたときに、あなたならどんな反応をしますか？

「へえ、よかったね」スマホを見ながらそんな対応をするか、それとも「それはすごいね！　丁寧にクライアントに対応した結果だね。よかった‼」そう対応するかで、チームメンバーとの関係性は大きく変わります。

チームメンバーがうまくいったときに、薄い反応しかしない人は、関係性構築の視点から見たらNGです。人間関係に亀裂が入りやすくなります。

夫婦関係でも同じです。このことは、実験でも立証されています。

成功体験やうまくいったことには、一緒になって喜ぶ。さらに、ねぎらったり、感謝を伝えたりする。「ありがとう」をちゃんと言う。ちょっとしたことですが、こういったことは関係性を構築するうえでも大切な方法のひとつです。

5　夜の議論は避けろ

マインドアフターミッドナイトという現象があります。

SNSのXを調査した結果からわかったことなのですが、人は夜のほうが感情的になりやすく、朝のほうが論理的になるということなんです。

調査は8億のXでのツイートから、どの時間帯に、どんな言語パターンのツイートがされているかを分析しました。

夜になると、感情的で衝動的な言葉が多いことがわかりました。一方で朝のほうが論理的な言葉が多かったそうです。

これは脳の特性の表れです。

脳の前頭前野《ぜんとうぜんや》が論理的な働きを担っているのですが、疲れてくるとだんだん弱くなってきます。

前頭前野の活性はストレスで減っていきます。朝に前頭前野の活性が満タンでも、その日一日いろいろな出来事を体験していくと、夕方以降はどんどん目減りしていきます。

そのため、朝より夜のほうが小さなことでもイライラしやすくなる傾向にあります。

そこにお酒が入ってしまうと、さらに感情が強くなります。

なので、夜の議論はケンカになりやすく、もめやすいのです。

朝に話せば相手がキレないような話でも、夜に話してしまったがためにキレられてしまう。そんなリスクが高まります。

夜はあまり相手にとってデリケートなことは話さないほうがベターです。

謝罪するのも、夜よりも朝のほうが伝わりやすい傾向にあります。

6　メールやLINEなどで問題点を指摘してはいけない

「テキスト（文字）で伝える」のと「直接話す」のでは、相手に与えるストレスが違うということをご存じでしょうか。

何かマイナスの指摘をするときはメールやLINEで伝えないほうがいいんです。

これはアメリカのブリガムヤング大学の研究でわかっています。

メールでは文字だけでのコミュニケーションになるので、ニュアンスがどうしても伝わらない部分があります。

文字だけで伝えると、認知のズレが起きやすいのです。

一方で、話すときは口調や表情も情報のひとつとして相手に伝わります。

ただし、おもしろいことに、**愛情や感謝を伝えるときは文字だけでも伝わります。**「愛している」とか「好きだよ」という表現は、文字で十分届くのです。

指摘や非難など、マイナスの印象を与えることに関しては、文字だけで伝えるよりも直接話すほうが、誤解が少なく伝わるのです。

ここで紹介した6カ条を関係性の再構築にぜひ活用してください。

第３章

相手の脳タイプに合わせて伝える

人には3つの脳タイプがある

質問です。

Q

**あなたは、
どちらが
「汚い部屋」だと
感じますか？**

A　B

どうでしょうか？

あなたは「汚い部屋」というとどんなイメージを持ちますか？

「汚い部屋」のイメージは、実は人によって異なります。

汚い部屋というと、みな同じ認識をしそうなものですが、人によってその認識は違うのです。

あなたにとって「汚い部屋」が、ほかの人にとっては「汚く見えない」ことがあります。

あなたはどんな「汚い部屋」をイメージしましたか？

- **足の踏み場もないほど、ものが散らかっている部屋でしょうか？**
- **食べたあとのものがテーブルに置かれている部屋でしょうか？**
- **換気をほとんどしていない空気がよどんでいる部屋でしょうか？**

あなたがイメージした部屋は、汚い部屋だと思います。

ただし、そこには「あなたにとっての」という条件が付きます。

えっ、自分が思った「汚い部屋」は誰がどう見ても汚いはず。もしそう思ったのであれば、それは間違いかもしれません。

あなたがイメージした部屋を見て、「汚い部屋」と思わない人もいます。

世の中には、ものが散らかっていても、まったく気にならない人がいます。

同じように、食べたあとのものがテーブルに置いてあっても、空気がよどんでいても、平気で過ごせる人もいます。

あなたがイメージした部屋を見ても、「どこが汚いの？」と首をかしげる人は、いくらでもいるのです。

たとえば、オフィスのデスク。

最近はあまり見ないかもしれませんが、以前はオフィスのデスクが書類や飲み物の空き缶などで埋もれている人がよくいました。

「そんなに汚れていたら仕事をやる気が出ないんじゃないですか？」と質問をぶつけたところ、こんな回答が返ってきました。

「このくらいのほうがむしろ落ち着くんです。整理されていてきれいなデスクは落ち着きません」

私から見たら汚れている状態のデスクが、彼にとっては「心地よい状態」だったのです。

こういった違いが生まれるのも**「脳の認知の違い」**が原因です。

人によって脳の認知の仕方が違うわけです。

以前、ある夫婦から「ケンカが絶えない」という相談を受けたことがあります。

話を聞いてみると、ケンカの原因は部屋が汚いことでした。

部屋が散らかっているのに夫はそのままで平気で、片付けようともしない。そんな夫に妻が苛立っていたのです。

●妻の言い分 ↓ 散らかっているのに、どうしてきれいにしないの？

●夫の言い分 ↓ そんなに散らかってないのに、なんできれいにしないといけないのか？

夫婦が見ている部屋は、もちろん同じです。それなのに、妻は「汚い」、夫は「汚くない」。この違いはどうして生まれてしまうのでしょうか?

二人の感じ方が異なるのは、二人の脳の認知が違うからです。

そして認知の違いが起きる原因のひとつが脳タイプの違いにあります。

この章では、この脳タイプについて触れたいと思います。

私たちは、視覚、聴覚、触覚、味覚、嗅覚、いわゆる五感でさまざまな情報を処理しています。

どれも同じように使っていると思っていますが、手を使って何かをするときに無意識に利き手を使うことが多いように、**五感にも優先的に使う感覚器とそうでない感覚器があるのです。**

いってみれば**利き手ならぬ「利き五感」みたいなもの**です。

もともと心理学では「心的イメージ」といわれていましたが、私たちは見ているものをリアルに再現しているのではなく、頭の中で自分が感じやすい五感のイメージで再現することがわかっていました。

これらの研究をベースに、私が2000名以上を調べてわかったのが「脳タイプ」です。

脳タイプは大きく3つに分かれます。

脳タイプ①
視覚タイプ

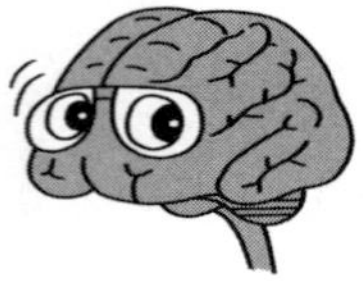

視覚優先

脳タイプ②
聴覚タイプ

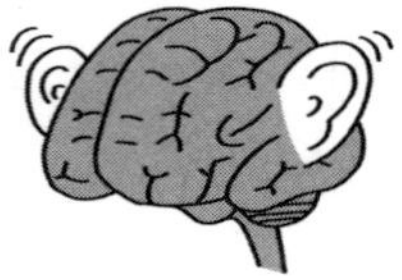

聴覚優先

脳タイプ③
体感覚タイプ

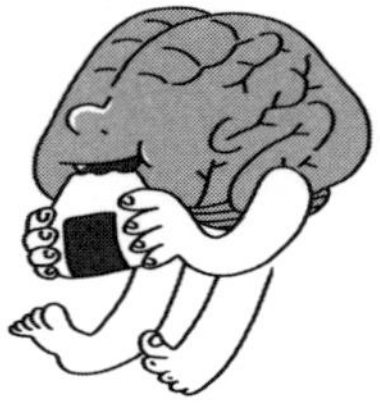

触覚、味嗅覚などを含めた
体の感覚優先

日本人の脳タイプを調べると、以下の結果が出ました。

日本人の脳タイプ

視覚タイプ　44％
聴覚タイプ　18％
体感覚タイプ　38％

同じものを見たとしても、脳での処理がそれぞれ違ってきます。インプットしている内容も、その後の記憶のされ方もまったく違ってきます。

各タイプで優先されるのはこれです。

視覚タイプ　↓見えているもの
聴覚タイプ　↓聞こえるもの
体感覚タイプ　↓香りや気温、そのときの気持ち（体の動きや感覚）

たとえば、スーパーで「野菜や牛乳を買わないと」と思ったとします。

このとき、野菜と牛乳を写真のように視覚的にイメージする人と、牛乳をごくごく飲む音などの聴覚的なイメージをする人、ごぼうはざらざら、納豆はヌメヌメなど体感覚的に感じる人がいます。

また、職種によっても、発達している脳タイプに特徴があります。アスリートは視覚タイプと体感覚タイプが多く、音楽家には聴覚タイプが多いなど。その特性から分類されるのが脳タイプです。

先ほどの夫婦は、妻が視覚タイプで夫は体感覚タイプでした。

ものが散らかっている状態を見ると「汚い」と感じる妻がイライラするのはわかりますが、視覚情報よりも体感覚が優位に働く夫は、見ただけでは「汚い」と感じられません。夫が悪いわけでもないのです。

そこで私がしたことは、夫にものが散らかっている状態を体で感じてもらうことでした。

夫に、「散らかっているものをすべて布団の中に詰め込んで、くるまってみてください。どんな気分ですか？」と聞くと、「こんな状態を妻は体験していたんですか。これは嫌ですね」。

こうして、妻が感じる「汚い」を、夫もようやく理解することができました。以降は、もめることが極端に少なくなったといいます。

妻の言い分は「散らかっているのに、どうしてきれいにしないの？」でした。
夫の言い分は「そんなに散らかってないのに、なんできれいにしないといけないのか？」でした。

脳タイプが異なると、夫婦間でも、このようにわかりあえないことはよくあることなのです。

視覚的に「汚い」と感じる妻と、体感覚的に「汚い」と感じる夫。「汚い」の感じ方が夫婦間で異なるケースは少なくないのです。

これはもちろん部屋だけに限りません。

人と人がわかりあえない要因に脳タイプが影響しているのです。

ちなみに、バイアスというのは、偏った見方、考え方という上位概念。先天的なバイアス(脳タイプ)と後天的なバイアス(価値観)に分けられます。実際はもっと複雑なのですが、簡略化すると下記のようなイメージになります。

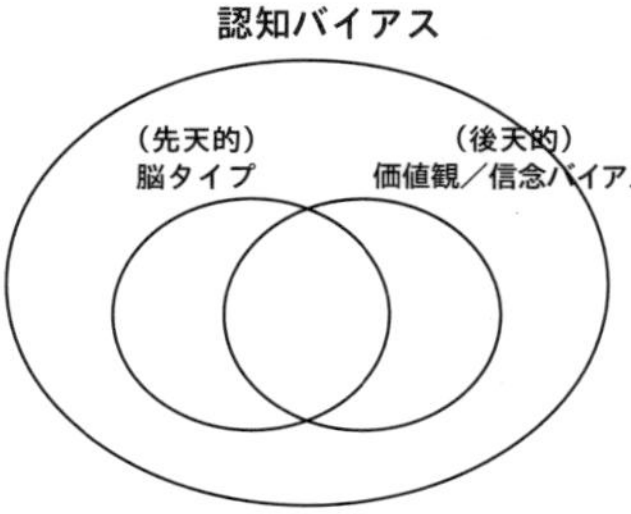

マシンガントークが「伝わらない状態」をつくる

「子は親を見て育つ」といいますが、これは脳科学的にも正しい表現です。

第1章で紹介したミラー理論ですが、親子関係にも作用します。

以前、ある講演会に登壇したときに、幼稚園生の子どもがいるお母さんからこんなことを聞かれたことがあります。

「子どもが私の言うことを全然聞いてくれないんです。どうすればいいでしょうか?」

実は似たような質問をよくされます。こういうとき、質問をしてきた人の話し方を聞いていると、その原因がわかることがあります。

よくあるケースが、

「マシンガントークな人」

です。

この講演のときもそうでした。

質問をしてきた女性は、質問をマシンガントークでしてきました。

（マシンガントークをイメージしながら読んでください）

子どもが私の言うことを全然聞いてくれないんです。どうすればいいでしょうか？　つい先日もこういうことがあったんです。さらに2週間前もこんなことがありました。これはどうすればいいですか。こういうときって、いったい何を子どもは考えているんでしょうか？　私も忙しいのでそこまで子どもに時間をかけられずどうしたらいいのか…

質問なのか、愚痴を聞いてほしいのかわからないくらいの感じで、どんどん話してきます。

そのとき、私がイメージしたのは「これと同じことをおそらく子どもにも言っているんだろうな」ということです。

女性は自分の伝えたいことをすごいスピードとボリュームで子どもに伝えます。子どもにわかってほしいという思いが強ければ強いほど、そのスピードとボリュームはアップしていきます。

でも、それを聞いている子どもにまったく届いていないのならどうでしょうか。

マシンガントークをする親は、自分の伝えたいことをガンガン話しています。そのとき、**子どもに寄り添った視点は欠落している**場合が多いのです。子どもに伝わっているかどうかよりも、自分が伝えたいことを話してしまう。

特に、**親と子どもの脳タイプが違うと、「伝わらない」状態が広がります。**

これと似たようなことは、仕事の現場でもよく起きています。

打ち合わせの場などで早口でまくしたてる人って、いますよね。特に経営者や仕事ができる人にその傾向があるように思います。

熱意が言葉に乗り移り、どんどんスピードが上がっていく。でも聞いているほうは脳がそのスピードについていけていない。こういうことはよくあると思います。
もともと話すスピードについていけていないのに、聞くほうの脳タイプによって、さらに伝わりにくくなっています。

脳タイプはコミュニケーションにおいて大切な要素なのです。

脳のタイプが違う相手には、伝え方、話し方を変える必要がある

「脳タイプ」とは、脳の認知特性のことをいいます。
先ほども紹介した通り、大きく分けると、人は3つの脳タイプに分けられます。

1 視覚タイプ

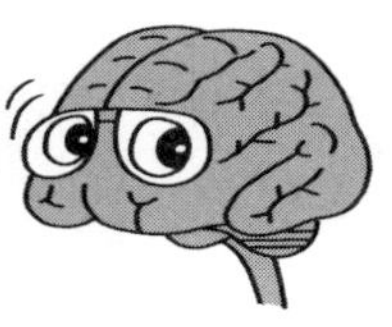

2 聴覚タイプ

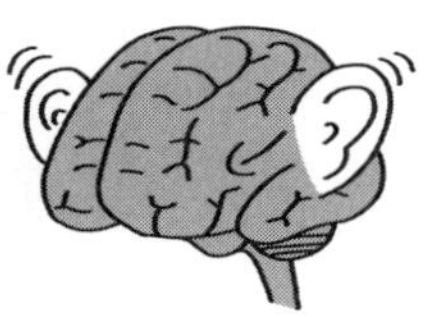

3 体感覚タイプ

講演会で質問をした女性は、その話しぶりを聞いていると視覚タイプです。一方でお子さんは体感覚タイプのようでした。なぜなら、視覚タイプは見えているものをそのまま話すだけなので、一般的に話すスピードが速い傾向があるからです。

体感覚タイプの人には、マシンガントークのような話し方が苦手な人も多くいます。なぜなら、体感覚タイプは体の感覚を味わいながら話すため、話すスピードや理解がゆっくりな傾向があるからです。

なので、いくら女性が伝えたいことがいろいろあっても、ほぼ子どもは「聞いていない状態」になっている可能性があります。

もちろん、音としては聞こえています。でも速すぎて、情報の処理ができず、さらには恐怖を感じることさえあります。

脳のタイプが違う相手には、伝え方、話し方を変える必要があるのです。

自分と他者が同じ感覚だとか、同じ認識だというのはいってしまえば幻想です。

脳のタイプだけでなく、バイアスなどさまざまな要因のなかで、人と人が同じ認識をするのは限りなく難しいことです。

それを知ることこそ、コミュニケーションを上達させる方法です。

そうはいっても、相手の脳が何タイプかなんてわからないですよね。

脳のタイプを判別する方法はあります。このあとそれを紹介しますが、その前に、脳のタイプに関係なく、あらゆる人に通用する「伝わるコツ」をひとつ紹介します。とっておきの方法です。

それは**「相手と同じスピードで話をする」**ということです。

たとえば、子どもの話すスピードが遅くて、お母さんはマシンガントークだったとしたら、お母さんは子どもと同じスピードでゆっくりと話してみる。

子どもはゆっくり言われると、自分の脳タイプに合う理解をするようになります。

また、人は「同じ要素」があると、その相手を仲間だと感じます。相手と自分が同じスピードで話をしていると、その相手は敵ではなく仲間だと感じやすいのです。

「仲間なので理解しよう」そう思いやすくなります。

この**「仲間感」も、コミュニケーションで大切な要素**です。信頼感と同様に、仲間感があると伝わりやすくなります。本当の仲間にならなくても大丈夫です。仲間感をつくることが大切なのです。

ある人から合コンで使えるテクニックを教えてもらったことがあります。
それは**「相手がグラスを持ったら、自分もグラスを持つとモテる」**というテクニックです。

これは単なる都市伝説のような話ではなく、脳の性質に基づいた科学的根拠のあるテクニックです。

たとえば、一人は背筋を伸ばして
ピシッと椅子に座っている。
もう一人は浅く腰掛け、
足を投げ出しだらしなく座っている。
この姿勢の状態でお互いが話すとどうでしょうか？
仲間感はないんじゃないでしょうか。むしろ嫌悪感が
生まれる可能性もあります。

一方で、お互いに足を組んで座っていると、仲間感が生まれやすくなります。
姿勢が同じだと、相手を味方だと脳が感じやすいのです。
グラスを持つことも同じです。同じタイミングでグラスを持つことで、相手は自分に対して「仲間感」を抱きやすくなります。要は似た姿勢や似た行為をすると、ミラー理論の効果で「仲間感」が生まれやすくなるのです。

ただし、注意も必要です。それは、相手の話すスピードや相手の動作をマネしていることが相手に伝わってしまうと、逆に仲間感が失われていくということです。

「わざと自分のマネをしている」というのと「自分と似ている」というのでは、まったく意味が異なりますよね。あくまでも自然にマネることです。

仲間感を生むための方法はほかにもあります。

たとえば**「格好が同じ」は仲間感を生み出す大きな要素**です。

一人はスーツ、もう一人はTシャツだと、仲間感は生まれにくくなります。

想像してみてください。

相手はスーツなのに、自分はTシャツで商談に臨んだとしたら。相手の中にあなたに対する「仲間感」は生まれないのではないでしょうか（ほかの要素が同じことで仲間感が生まれることはありますが）。

一方で、プロ野球やサッカーなどスポーツのファンならば感じたことがあるかもしれませんが、球場やスタジアムに応援に行ったとき自分と同じチームのユニフォームを着ている人に「仲間感」を抱いたことはないでしょうか。お互いは面識がない同士でも、挨拶を交わしたり、会話が弾んだり。

学校や職場などで制服を着ることも、仲間感を強めるツールになっています。

「海はいいね」でイメージするのはどんなこと?

久しぶりにデートで海に行ったときのこと。きれいな海を眺めながら、あなたが「海はやっぱりいいね」と相手に投げかけました。相手も「海はいいね」と返してくれました。

そのとき、お互いに「海のよさを二人で共有できた!」という感情が生まれるかもしれません。

でも、この「海はいいね」の「いいね」に込められた二人のイメージは、**脳タイプによって違ってきます。**

●視覚タイプ　↓海の青さに反応

●聴覚タイプ　↓波の音に反応

●体感覚タイプ　↓潮の香りや潮風の心地よさに反応

彼女は聴覚タイプ、彼は体感覚タイプだったとしたら、「海はいいね」と言葉を共有しながら、お互いの脳の中では「波の音が気持ちいい！」（彼女）、「潮風に包まれて最高！」（彼）と、違う印象が脳に浮かび上がっているかもしれません。

でも、言葉にすると「海っていいね」。

言葉だけでは伝えきれないことが存在しているのです。

大事なことは、繰り返しになりますが、自分と相手が違う世界を見ていると認識することです。コミュニケーションの大前提としてそのように考えながら、伝えていく、話していくことが必要になります。

世の中には、少数ですがまったく視覚的なイメージができない人もいます。「りんごをイメージしてください」とお願いしても、「りんご」をイメージできない人がいるのです。私もそういった人を実際に見てきました。このような人を専門用語で「アファンタジア」といいます。

アファンタジアの人は、視覚イメージができない代わりに聴覚イメージが発達しているといわれています。

視覚イメージの人からすると、理解するのが難しいかもしれないですが、このようにタイプによって受け取り方が違うことが多くの研究からもわかっています。

相手がどんな脳タイプかを見極めることが必要です。

脳タイプ別「伝え方のコツ」

脳タイプによって認知が変わるのであれば、脳タイプ別にどう伝えればいいのか、その対応策を知りたいところだと思います。

たとえば視覚タイプの人には目に見えることを中心に伝えていけばいいといわれて、具体的にどうしたらいいか。

まずは、どうしたら相手の脳タイプを見極めることができるのでしょうか。**注目するポイントは3つあります。**

ひとつは、**話すスピード**です。先ほどもご紹介した通り、話すスピードが速い人はまず間違いなく視覚タイプです。

2つめに、**外見の特徴**です。カラフルな服や、ハイブランド品を好んで身に着ける、また派手なネイルが好きな方は、視覚タイプが多いです。なぜなら、視覚タイプの人は、見た目に惹かれる傾向が強いからです。髪を金髪にしている、派手なアクセサリーを身に着けることも、視覚タイプの特徴です。逆に、**肌触りがいい服を選ぶ人は、体感覚タイプ**といえます。

最も判別が難しいのが、聴覚タイプです。それを判断するためには、**その人の職業**に注目しましょう。これが3つめの注目ポイントです。聴覚タイプの人は、音や声に対する感覚が強いといえます。ラジオのパーソナリティや音楽関係者は聴覚タイプの人が多いです。

このように、**①話すスピード、②外見の特徴、③職業**という順番で注目していくことで、だいたいの脳タイプを見極めることができるのです。

さらにここからは、**脳タイプ別にどう伝え方を変えるかを具体的に紹介していきます。**

たとえば、「急な仕事をお願いしたいとき」はどうしたらいいでしょうか。

●視覚タイプ

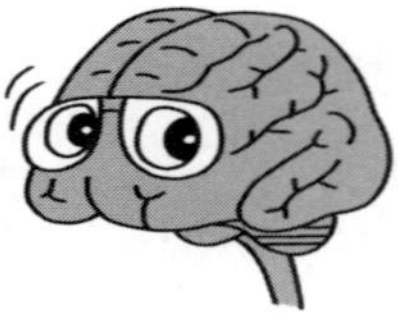

↓全体像を説明してあげると映像が浮かんでやりやすく感じる。

例：「今回、1週間後にお客様から契約をもらわなければいけません。そのために、まずA（商品見本の取り寄せ）↓B（商品写真の撮影）↓C（プレゼン資料の作成）の作業が必要です。あまり時間がないので、申し訳ないんだけど、●●さんにAの工程をやってもらうことはできますか？」

このように全体を整理して伝えることが効果的です。写真や映像などがあればさらに効果が高まります。

また、映像に反応しやすいので、映画や美しいものなどにたとえると、よりイメージをつかみやすくなるでしょう。

● 聴覚タイプ

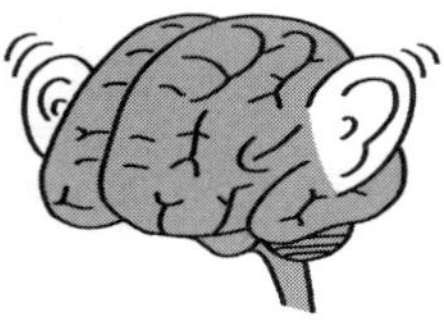

↓話し言葉で伝えるだけで伝わりやすいですが、さらに音を表現する言葉を使うとより効果的。

例：「バタバタさせてしまって申し訳ないですが、これをやってもらえると、フェスのように後半チームが盛り上がっていくので、仕事が早い●●さんにテンポよくパパッと仕事をこなしてもらうことはできますか？」

このように、音を意識した表現が有用です。また、音楽にも反応しやすいので、リズムの速い音楽がバックにかかっているような場所で伝えるとより効果的です。本人が好きな音楽やアーティスト、ラジオなどにたとえると、よりモチベーションが上がりやすくなります。

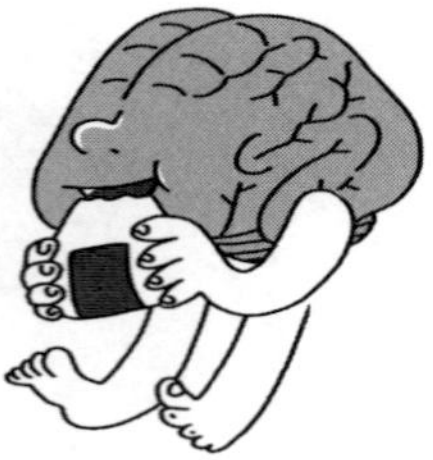

●体感覚タイプ

↓いつもとは場所を変えて伝える、何か触れるものを用意しながら伝えると、体の感覚で快感を感じやすいため脳が活性化し、伝わりやすくなる。

例：「ちょっとここに来てもらってもいい？
（場所を変える）
この資料を見てくれないかな？　仕事終わりで体が疲れているかもしれないけど、これが明日までにできるとチームの負担がかなり軽くなってあなたの今後の作業も楽になるから、これをやってもらうことは可能かな？」

このように、体感覚をイメージしやすい伝え方が効きます。また体感覚に反応しやすいため、好きなスポーツ選手、アスリートなどにたとえても効果的です。

3つのタイプに合わせて伝え方を変えていくことが、より「伝わる」を生み出します。

ただ、3つのタイプを見極めるといっても、どのタイプかわかりにくいこともあると思いますし、一人の相手に対してではなく、複数の人に向けて伝えないといけないこともあると思います。

そんなときは、表現の中に3つの脳タイプすべての要素を入れて伝えるという方法があります。

視覚タイプ向け×聴覚タイプ向け×体感覚タイプ向け

これら3つの内容をすべてかけあわせて伝えるのです。

脳タイプがわかる8つの質問

ここまで読み進めてきて、あなたは自分が何タイプだと思いましたか？　のちほど「脳タイプ診断」を用意していますが、自分が何タイプか判断できない人もいるのではないでしょうか。

たとえば、沖縄旅行で最初に思い浮かぶのは「エメラルドグリーンの海」で、北海道旅行だと「肌を突き刺す寒さ」だったとします。これだと、沖縄のときは視覚タイプで、北海道のときは体感覚タイプだったということになります。

過去の自分を振り返ってみると、誰でも、いろいろなタイプの自分がいることに気づきます。あなたはどうでしたか？　あるときは視覚タイプ、あるときは聴覚タイプ、あるときは体感覚タイプだったのではないでしょうか。

それでいいのです。

視覚タイプの人が、いつも視覚を優先的に使っているわけではありません。あるときは聴覚、あるときはそのほかの感覚器を優先的に使っています。あるひとつの出来事だけで、「あなたは○○タイプだよね」とくれぐれも決めつけないようにしてください。

脳タイプは、どの感覚器を優先的に使うことが多いかで分類されます。場面によって優先する感覚器が異なるとはいえ、視覚タイプの人なら、視覚を優先的に使うことが多くなります。

それでは、あなたの脳タイプを診断してみましょう。

質問は8つ。1つの質問に対して、（A）（B）（C）という3つの項目があります。（A）～（C）それぞれに点数をつけてください。採点は、2点（かなり当てはまる）、1点（やや当てはまる）、0点（当てはまらない）。

そして、最後に質問1～8の（A）（B）（C）それぞれの合計点を算出します。

それでは、診断を始めましょう。

8つの質問でわかる！　脳タイプ診断

（A）～（C）それぞれに点数をつけてください。
採点は、2点（かなり当てはまる）、1点（やや当てはまる）、0点（当てはまらない）。
最後に質問1～8の（A）（B）（C）それぞれの合計点を算出します。

質問1 リンゴをイメージしてください。そのときリンゴはどのように見えますか？
（A）鮮明にカラーで立体的に見える　（　　点）
（B）リンゴのキュッキュッと音がする　（　　点）
（C）香りがする　（　　点）

質問2 過去のことを思い出してください。そのとき、
（A）イメージで見える　（　　点）
（B）声や音声が聞こえる　（　　点）
（C）空気感を感じる　（　　点）

質問3 どんなとき、楽しいと思う瞬間が多いですか？
（A）美しいものを見たとき　（　　点）
（B）音楽や自然の音を聴いたとき　（　　点）
（C）体を動かしているとき　（　　点）

質問4 仕事の場面で、この人は仕事ができると思うのはどんなときですか？
（A）その人の行動を見て　（　　点）
（B）その人の言葉を聞いて　（　　点）
（C）一緒に体験して　（　　点）

質問5

マニュアルを理解しようとするとき、あなたはどうしますか？

（A）テキストを眺める　（　　点）

（B）声に出して読む　（　　点）

（C）マニュアルは見ずとにかくやってみる　（　　点）

質問6

エクササイズを始めようと思い映像を見ています。あなたはどうしますか？

（A）とにかく講師の動きを観察する　（　　点）

（B）講師と同じ言葉や声を出す　（　　点）

（C）とにかく体を動かす　（　　点）

質問7

「海のように広い心」という言葉を聞いて、どんなイメージが出てきますか？

（A）雄大な海の映像が見えてくる　（　　点）

（B）ゆったりとした波の音が聞こえる　（　　点）

（C）潮風のさわやかさを感じる　（　　点）

質問8

学習するとき、どれが一番心に残りやすいですか？

（A）映像を見たとき　（　　点）

（B）音声を聞いているとき　（　　点）

（C）参加型のワークを体験するとき　（　　点）

合計　（A）　　点　（B）　　点　（C）　　点

結果

合計点数が最も高いところが、あなたの脳タイプです。

（A）→視覚タイプ優先　（B）→聴覚タイプ優先　（C）→体感覚タイプ優先

（A）が高ければ視覚タイプ、（B）が高ければ聴覚タイプ、（C）が高ければ体感覚タイプの傾向があります。ちなみに私の結果は、（A）16点　（B）7点　（C）9点。視覚タイプになります。

あなたの結果はどうでしたか？　何タイプと診断されましたか？

点数のバランスはいかがでしょう。合計点数が0点のタイプはありましたか。

合計点数が0点のタイプがない限り、たとえば、視覚タイプと診断されたとしても、場面によって聴覚を優先したり、触覚や嗅覚などを優先したりしています。ほとんどの人が、実生活では3つのタイプを使い分けているのです。

ただし、脳タイプは、子どもの頃に好きだったことが大人になっても変わらないように、年齢によって大きく変わるということはなさそうです。子どもの頃に体を動かすのが好きだった人は体感覚タイプが多いですし、図鑑を見るのが好きだった人は視覚タイプが多い傾向があります。

私は、脳タイプが年齢や環境によって変化するのか確認するために自分をモニターしていますが、17年間変わっていません。

気をつけたいのが、先ほども話しましたが、ひとつの言動や出来事から判断してタイプを決めつけて行動しないことです。

私たちは環境に適応するために、そのときだけ違う脳タイプになることができる器用なところがあります。

たとえば、プライベートのときは体感覚の人が、仕事のときは視覚タイプになるという人がいます。

それは、全体像を見渡せたり、周りの状況をよく見たりしないと進められない仕事を任されることで、成果を出すために視覚タイプにならざるを得ないからです。イベントの企画やセミナーの運営、またプロジェクトリーダーなどの仕事を任されると、視覚優位になる傾向があります。

そういう人は、プライベートではゆっくり話すのに、仕事のときは早口になるという視覚タイプの特徴が表れます。

それでは、2つのタイプを使い分けている人と、うまくコミュニケーションをとるにはどうしたらいいのでしょうか？

本来の脳タイプが喜ぶ対応をとることです。

仕事のときだけタイプを変える人は、仕事とはいえ無理していることになるため、どうしても疲れてきます。

先ほどの仕事のときだけ視覚タイプになる人は、早口で話していても、どこかでゆっくりしたいと本音では思っているのです。

仕事の合間で見せる対応から体感覚タイプかなと思ったら、「ありがとうございます」と言いながら握手したり、部下なら「おつかれさま」と言いながら肩をたたいてみたりするだけで、喜んでくれるかもしれません（ただし、ハラスメントにならないように）。ミーティングが終わったら場所を変えて、柔らかいソファのあるカフェで雑談するのもいいでしょう。

相手が本来は視覚タイプなら、景色がいいところや広々としたところが好きなので、高層階のカフェやホテルのラウンジなどに移動してもいいかもしれません。

本来の脳タイプに寄り添うことで、相手の態度ががらりと変わることもあります。ただし、タイプをあまりに決めつけてそればかりに合わせて行動すると、逆にコミュニケーションがうまくいかない原因をつくることになりかねないので、そこは注意してください。

第4章

解像度を上げる

脳科学が導き出した伝わるコツ

解像度が低いままでは伝わらない

「この言葉をお客さんが言ったときは要注意なんです」

美容師の知人からそんな話を聞いたことがあります。「かっこいい」は、認知のズレを起こす言葉だからです。

この言葉が出たときは、この人はそのお客さんと認知のズレがないよう、いろいろと質問しながらそのお客さんが考える「かっこいい感じ」を探っていくそうです。

仕事でも、認知のズレはしょっちゅう起こります。

「急ぎでお願いします」

「がんばってやります」

「すごい成果を出してください」

こういった抽象度の高い表現は、発している側と相手とのイメージにズレが生じる可能性大です。

認知のズレが起きるのは「言葉のイメージ」がお互いに異なっているからです。

急ぎって、何分なのか?

がんばるって、どのくらいやることなのか?

すごいって、どのくらいすごいのか?

こうした**抽象度の高い表現は、その人の持つ言葉のイメージによって大きく変わります。**

急ぎを1時間ととる人もいれば、今日中と考える人もいます。人によっては今週中と考えるかもしれません。ほかにも、価値観の差、バイアス、脳タイプなど、さまざまな認知のズレを生む要因はあります。

認知のズレが大きいと、すりあわせる努力が必要です。逆に、認知のズレが少ないと、コミュニケーションは楽になります。

「この人とは居心地いいな」とか「楽だな」という人は自分との認知のズレが少ない人です。ホモフィリーといい、同じ点がある人ほど居心地よく感じます。

ただ、居心地のいい人とばかりいると、自分の成長を止める恐れがあります。仕事ではコンフォートゾーンにいる人とばかり付きあっていると自己の成長が少なくなるといわれています。だから「自分とはタイプの違う人と接することが大切」ということがよくいわれます。

自分と違う価値観を知ることは、自己成長につながります。ただし、疲れます。

一方で、居心地のいい人といると成長は起きにくい。どっちをとればいいのでしょうか？

ベストな選択は、「共通する価値観を持っていながら、一方で違う価値観を持っている」という人といることです。

共通する部分と違う部分を両方持つなんて、なんだか難しそうです。

でも、こう考えたらどうでしょうか？

恋愛をしているとき。

相手にときめいたり、ドキドキを感じたりしますよね。恋をしている人の脳は、実は酔っぱらっているのと同じ状態になっています。このときは、お互いに共通する価値観などよりも、むしろ刺激のほうに意識が行きがちです。

その勢いのままで結婚すると、その先に悲劇が待っていることもあります。

酔っぱらった状態から醒めたときに、今度は冷静な視点で相手を見ると、「あれ、この人と私はまったく価値観が違う」

なんてことに気づいてしまうことがあるからです。

実は**恋愛の賞味期限は3〜4年**といわれています。

その原因のひとつは、脳を麻痺させる物質であるＰＥＡが、3〜4年経つと切れていくからではないかといわれています。ほかにもいろいろな原因が考えられるため、まだ正確にわかっているわけではないですが『3年目の浮気』という昭和のヒット曲は、あながち間違いではないのかもしれません。

だからでしょうか、3〜4年経ったときに、ふと気づいたりします。

「あれ、この人と全然話が合わないな」など、いままでが嘘のように冷静に相手を見るようになったりします。

それまではドキドキ感があって、相手の魅力ばかりに目が行っていたのが、波が引くようにサーッと下がっていく。要は慣れてしまうんです。

そのときに自分と合わない、話を聞いてくれないなど、相手に対する不満や違いが見えてくる。そうすると今度は違和感がムクムクと生まれてきます。


冷めたときに、冷静な視点でお互いの「同じ点」が発見できれば、恋愛関係はうまくいきやすくなります。

違う点があったとしても、同じ点があることで、安心感や信頼感が生まれます。刺激も安らぎもある。このバランスのいい状態が、恋愛関係には大切なのです。

伝わらない人がやってしまっている勘違い

「何度も話したけど、相手が理解してくれなくてうまく伝わらない」

仕事でよく聞く悩みです。

なんで、何回伝えても、相手は理解してくれないのでしょうか？

理由は、相手のほうが「イメージできていない」からです。

イメージできないことを行動に移すのは難しい。だからうまくいかない。

逆にいえば、**相手のイメージをつくってあげることが、イコール伝わるということになります。**

イメージをつくることをよく「解像度を高める」といいますが、伝わらない場合は解像度が低い状態ということです。

以前、仕事をしていたある編集者からこんな悩みを相談されたことがあります。

「本をつくっているときに、ライターさんに原稿をお願いするのですが、これがなかなかうまくいかないんです。『こう書いてほしい』と見本の原稿を渡しているんですが、ライターさんの原稿は見本とはかなり違っていて、いい原稿にならないんです。見本まで見せているのにどうしてうまくいかないんでしょうか？」

悩みというか愚痴というか、そんな感じの話だったのですが、**この編集者**

は大きなミスをしていると思いました。それは、いい見本の原稿だけを見せていたという点です。

それを理解してもらうために、私はある問題をこの編集者さんに出しました。

それがこれです。

Q

あなたの思う「クジラ」の絵を描いてください。

編集者さんに実際に描いてもらったクジラがこれです。

一方、私がイメージしたクジラはこれでした。

どうでしょうか？　同じ「クジラ」という言葉からイメージしているものがこんなに違うのです。

これは何も私がクジラについて詳しく、編集者さんがクジラに詳しくないということを言いたいわけではありません。

要は、**同じ言葉に対してイメージしているものがまったく違うということを実感してもらいたかったのです。**

編集者さんの「クジラ」への解像度は低めなので、私の視点でクジラの口やヒレ、質感などを説明しても、理解してもらうことは難しいかもしれません。実は、今回の書籍を担当していただいている編集者さんに、このような「解像度の高いクジラのイラストをつくっていただけますか？」とお願い

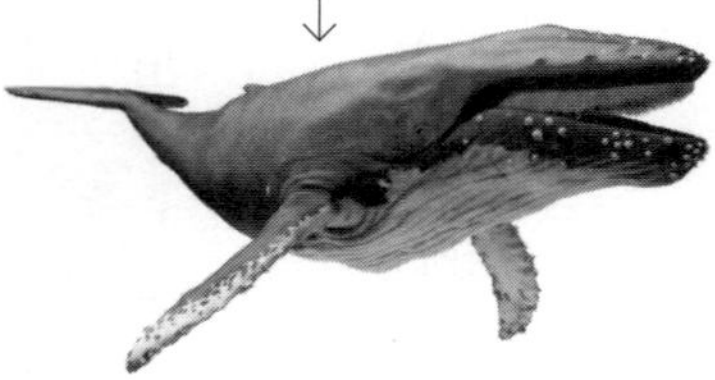

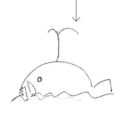

したのですが、一回目に上がってきたものがこれでした。

もちろん、これでもかなり詳細に描いていただいているのですが、私がイメージしているものは、先ほど見ていただいたようなもっと解像度の高いものだったのです。

編集者さんの悩みも、これと同じ構造です。

この編集者さんにとっての「いい原稿」がどんなものかは、編集者さん自身がよくわかっています。ですから、解像度が高い状態かもしれません。でも、ライターさんにうまく伝わっていないので、ライターさんの解像度が低いままの状態なのです。

そこで、ある方法を紹介しました。
それが、**いい例だけでなく、悪い例も一緒に見せる**という方法です。
これを私は**「解像度を上げる比較法」**と呼んでいます。
この編集者さんはライターさんにいい見本の原稿を見せたと話していました。

ただ、いい見本だけを見せても、相手の解像度は上がりません。
いい見本と同時に、悪い見本原稿も見せると、相手の解像度が高まります。
いいものと悪いものを比較してもらうことで、その差が何かが明確になるからです。

「比較」を使うと、伝わる強度がアップします。

（比較は効果的な方法なのでこの本の中でも何度か登場してきます）

○いい原稿と悪い原稿を両方見せる
✖いい原稿しか見せない

この比較法は、こんなときにも活用できます。

たとえば、サービス業に就いている人であれば、お客さまへの対応の仕方をいい対応と悪い対応で比較してみる。喫茶店であれば、

「いい水の出し方」「悪い水の出し方」
「OKないらっしゃいませの言い方」「悪いいらっしゃいませの言い方」
「いい料理の盛り方」「悪い料理の盛り方」

あらゆるサービスのシーンで比較をしてみることで、それをまとめれば、その喫茶店のマニュアルができあがります。

伝わらないときは、比較を使って相手の頭の中の解像度を高めてください。

伝え方がうまい人は、相手の解像度を上げるのが上手

解像度が高まると人は快感になります。

たとえば、

(1) 旅行に行きませんか？

(2) ヨーロッパに旅行に行きませんか？

(3) イタリアの5つ星ホテルのレストランで、世界遺産を眺めながら極上のトリュフ料理を堪能しに行きませんか？

この3つを比べてみてください。

旅行への解像度は(3)が一番高く、(1)が一番低くなります。

この場合、快感度は(3)→(2)→(1)の順です。

解像度が上がると、人は快感になるので、「やろう！」と思うんです。これが人を動かすポイントです。

人が動かない理由は、解像度が低いからなんです。

いかに解像度を高めていくかが、人を動かすことにつながっていきます。

この解像度を高める方法を、うまくいく人はいくつも持っています。この本でもいろいろ紹介しているやり方です。

解像度が高まるということは、要は「見えること（イメージ）が増える、ハッキリする」わけです。なので判断もハッキリできるようになります。

旅行の話であれば、(1)の「旅行に行きませんか？」では解像度が低いのでこれを聞いても判断しにくいと思います。

「旅行に行きませんか？」「ああ、いいですね。ちなみにどこに？」みたいに、解像度を上げる質問を相手からされることになります。

一方で(3)の「イタリアに超おいしい料理を食べに行きませんか？」という質問を

すれば、相手はYESかNOかをハッキリさせやすいですよね。

伝え方がうまい人は、相手の解像度が高くなるような伝え方をしています。

仕事でも同じです。私の知っている優秀な成績を上げている営業職の人は、相手の解像度を高める伝え方をしています。

相手の解像度が低いままに、無理に自分の売りたいものをセールスしようとしたら、**お客さんはそれを「押し売り」ととらえてしまう**ことをわかっているのです。

でも、解像度の高い伝え方をしたら、お客さんのYESかNOかの判断もつきやすく、NOの場合でもなぜNOなのか、お客さんの側も説明しやすいんじゃないでしょうか。NOが明確であれば、次の一手を打つか、そこで引くか、伝えた側も判断しやすくなります。

コミュニケーションにおける解像度は、重要な要素なのです。

仕事のトラブルの多くは「低い解像度」が原因

「夢解像度」って、ご存じでしょうか？

「夜に見る夢をどのくらいの解像度で覚えているか」

いえ、違います。

「あ、通販でＣＭをやっている会社の新商品？」

それも違います（わからない人、すみません）。

将来やってみたいことやありたい姿のほうの「夢」です。

この「夢の解像度」が、実は「夢の実現性」とつながっています。

夢の解像度が高い人　↓　夢の実現性も高まる
夢の解像度が低い人　↓　夢の実現性が下がる

こんなシンプルな法則があるのです。

つまり、**夢を実現させたければ、まずは夢の解像度を高めること**です。

海外の有名経営者や、日本でもユニクロの柳井正さんや星野リゾートの星野佳路さんなどのインタビュー記事を読むと、すごい経営者は未来への解像度が高いなと感じます。

柳井正さんがバイブルにしているという書籍『プロフェッショナルマネジャー』の中にこんな記述があります。

「本を読む時は、初めから終わりへと読む。
ビジネスの経営はそれとは逆だ。
終わりから始めて、そこへ到達するためにできる限りのことをするのだ」

ゴールを明確に持っているので、そこから逆算したときにそのプロセスも明確にできる。あとはそれを実行するかどうか、というところまで落とし込めるわけです。

もちろん、途中で失敗もあると思いますが、ゴールへの解像度が高ければ、そんなときもどう対策を練ればいいか、その解像度も高くすることができます。

「すぐれたリーダーは未来への解像度が高い」ということは、私の研究でも明確になっています。

卓越したリーダーは解像度の高いビジョンを示すことができます。そのビジョンを知って、一緒にやりたいという人が集まってくる。

ビジョンの解像度が高いからこそ、優秀な人材が集まりやすくなるのです。

以前、ある経営者がこんなことを言っていました。

「うちの会社にはいい人材が集まらない。会社の規模も小さいし、給与や福利厚生もそこまでよくはない。こういう会社にはいまどきは人が集まらないんですよね」

確かに人手不足という社会問題はあります。でも、そんななかでも人が集まる会社と集まりにくい会社があるのはなぜなのでしょうか？　ベンチャー企業で給与も福利厚生もまだまだの会社に、いい人材は集まっていることがあります。なんで人が集まるのでしょうか？

人が集まる会社と集まらない会社の違いには、ビジョンの解像度が大きく影響していると思います。

ビジョンの解像度が高いので、相手に伝わりやすく、伝わったビジョンを知ってワクワクする。一緒にやってみたくなる。その結果、いい人材が集まっていきます。

解像度が高いと、「伝わりやすい状態」になっているのです。

伝えたいことが伝わらないというときは、「伝える側の解像度が低いままで伝えていないか」を確認してください。

「いい感じで仕上げてください！」
「もっとたくさんの人に届く感じでお願いします」

伝える側のイメージがフワッとしているままに伝えていないか。伝わらないときに、自分の解像度を振り返ってみるといいのではないでしょうか。

ちなみに、「お金持ちになりたい！」という願いがあるならば、「お金持ちの解像度」が大切です。

ただお金持ちになりたいというだけでは、もしつらいことがあったら挫折してしまいます。理由はそこに向かう快感が小さいからです。

快感は人を動かす「動機」になります。快感という動機をうまく使うためにも、解像度は大切なんです。

ただ、お金持ちになっても、その先の人生への解像度が低いと、ただお金が増えただけになってしまいます。

たとえば「FIRE」（資産運用で生活費を確保し、定年を待たずに退職する生活スタイル）をした人が、暇を持てあまし仕事に戻るという話を聞いたことがあります。これもＦＩＲＥへの解像度が低いから起きることなのだと思います。

では、**どうやれば解像度を上げることができるでしょうか？**

おすすめの方法が**「体験」**です。

体験は解像度を大きく高める効果があります！

ＦＩＲＥをしたことがない人は、プチＦＩＲＥ体験を事前にしてみるのがいいと思います。

空想ＦＩＲＥですが、仕事がない状態を1週間体験してみると、自分の心情がどう感じるかなど、実感できるのではないでしょうか。

「暇はけっこう苦手だな」とか「やることないってつらいな」とか「人と話さなくなるな」とか。

仕事で忙しいときは「自分の時間が欲しい！」「ゆっくりできる時間を！」と思うことがありますよね。でもずっと暇だと感じ方は真逆になるかもしれません。

解像度を上げる「体験の法則」

私は全国の幼稚園にもよく講演に行くのですが、以前こんなことがありました。

ある幼稚園の園長が、幼稚園で働く先生たちに自分の考えを伝えていくのがすごく難しいという話をしていたんです。

たとえば、「子どもの能力ではなく、努力をほめる」「問題が起きたときは落ち着いてすぐに上司に連絡する」など、幼稚園として大切にしていることを先生たちに伝えているのだけれど、なかなか伝わらない。むしろ逆効果もあって園長の話に反発する先生もいるというのです。


園長が主に言いたいことは「変化の大切さ」だそうです。

幼稚園も時代とともにどんどん変化していかないといけないという話を、具体例を交えながら話しているのだけれども、変わりたくないという先生が多く、**反発**

をされてしまうというのです。

これは先生たちにいわゆる「現状維持バイアス」がかかっているからです。

でも、**こうした現状がガラッと変わる出来事があった**そうです。先生たちの認識が大きく変化したのです。

いったい何があったと思いますか？

変わったきっかけは**「ほかの幼稚園を見学する」という体験**でした。

「たったそれだけ？」と思うかもしれないのですが、劇的ビフォーアフター（すごい変化）だったそうです。

見学に行ったのはすばらしい仕組みを持っている幼稚園でした。

日本にもすばらしい幼稚園はたくさんありますが、そのひとつで海外や国の役人も視察にくる有名な幼稚園が埼玉県にあります。

その幼稚園を視察したあとに、先生の目の色が明らかに変わっていくのがわかったそうです。

言葉だけでは園長先生が考えていることや持っているイメージは全然伝わりませんでした。けれども、実際に現場（すばらしい幼稚園）を体験するとイメージが明確に伝わったそうです。解像度が高まったのです。

まさに、体験最強です。

この体験によって、視覚タイプの人は、体験を通してうまくいくために何が必要なのか映像で学び、印象に残すことができました。聴覚タイプの人は、見学した幼稚園の人の言葉や子どもとの会話、声の高さ、音楽などを通して雰囲気を学んでいきました。そして、体感覚タイプの人は、現場の空気感や香り、人の熱量や熱気などを通して、学習することができました。

体験は、どの脳タイプの人の解像度も高めることができる万能の方法なのです。

うまくいく組織は体験を上手に取り入れています。

これはいい体験だけではありません。**失敗体験やつらい体験も、うまく使えば解像度を高めることにつながります。**

知人のスキーインストラクターが言っていました。

「スキーの上達が早い人はどんな人かわかる？　それはたくさん転ぶ人。転ぶのを怖がる人はなかなか上達しないけど、積極的に転ぶ人は上達が早いんだ」

転ぶという失敗体験が解像度のアップにつながっているということです。

私も大学生のとき初めてスキーに行ったのですが、プロ資格を持った友人にいきなり上級者コースに連れていかれて驚いた経験があります。

傾斜がすごすぎて怖かったのですが、友人は「いいから滑れ！」と言うのです。

おそるおそる滑りましたが、案の定、下まで転がり落ちるような感じで下山までなんと3時間！

しかし、一番下のふもとまで来たとき、ある出来事が起きたのです。

私はほぼ平面だと思っていた場所が、実は初級コースだったのです。そして、その初心者コースを私は普通に滑れるようになっていました！

失敗体験をすることでスキーのスキルの解像度が上がり、初心者コースが滑れるまでの技術を手に入れることができました。

子どもに「これやらないほうがいいよ」「危ないよ」と言っても聞かないのは、子どもの中に危険であるというイメージができていないからです。なので、そういうときは少しだけでも痛い目を味わったほうが気づくことができるかもしれません（もちろん、けがなどにつながる大きな危険は避けないといけないですが）。

人が動くときの大きなきっかけが「快感」と「痛み」です。

どちらかだけでも動きますが、この2つがかけあわされると、動かずにはいられないようなものになります。

快感×痛み↓強い動機に！

伝え方がうまい人は、この快感と痛みのかけあわせをよく使っています。

たとえば、プレゼンの天才ともいわれるスティーブ・ジョブズの講演内容を分析したことがあるのですが、**ジョブズは快感と痛みを盛り込んだスピーチをよく行っていました。**

「あなたの時間は限られています」とか「誰か他人の人生を生きることで時間を無駄にしないでください」とか、痛みを与える内容をまず話して、そのあとに快感につながる話をしていました。

すばらしい伝え方です。聞いた人は動き出したくなる内容でした。

まさにカリスマです。カリスマにはこういう伝え方をしている人が多いんです。

「ストーリーを伝える」と解像度が上がる

「言語化が大切」

このことはビジネスの世界ではあたりまえのようにいわれています。

確かに言語化は大切です。人は言葉を中心にコミュニケーションをとっているので、その言葉があいまいであればあいまいな伝わり方しかしません。

だからこそ、言語化するときはとにかく解像度を高くして伝えることです。

ただ、この本の巻頭部分や第1章で説明したように、言葉には限界もあります。

バイアス、脳タイプ、信頼感など、さまざまなことがコミュニケーションに影響を与えているからです。

また、相手の解像度を高めるためには、いくつかの工夫や試行錯誤が必要です。

相手の視点で物事を見て、脳タイプに合わせるなど、複数の手順が必要となります。慣れればすぐにできるようになりますが、最初は結構大変！という人もいるかもしれません。

そこで、**「言語化の弱点を補う方法を紹介します。それが「ストーリーを伝える」という方法です。**

普通に人に話をされても、内容が頭に入ってこないということはありますよね。でも、ストーリーで話されると、こんなことが起きることが、プリンストン大学の研究でわかりました。

話し手がストーリーを語ると、聞いている人の脳が、話し手と同じような脳活動をしていた。

ストーリーを話すと、相手の脳も自分と同じように動きイメージする、つまり解像度が高まるということを意味しています。

たとえば、「ものを大切にすることが大事です！」と伝えるのもいいですが、こんな実体験のストーリーで伝えられたらどうでしょうか。

「以前の私はまったくものを大切にしない人間でした。でも、ある日、メジャーリーガーの大谷選手が、グラウンドでゴミを拾っている姿をテレビで見て感動したんです。

それ以来、自分も会社をキレイにしたくて、早朝ビルの周りを掃除するようになりました。いまいる職場に感謝できて、何より毎日いい気持ちで仕事をスタートできるんです。そんな小さなことを大切にしていったら、なんとお客さまから信頼されるようになったんです。気づいたら売り上げも少しずつ上がっていました。以前は小さなことには目もくれない人間でしたが、ものを大切にするようになってからは、何よりお客さまを大切にできるようになったんです」

どうでしょうか？　こう話をされると、ものを大切にするということの価値が伝わってくるんじゃないでしょうか。これが実体験のストーリーです。

こうやってストーリーで話をすると、**聞き手側は「次はどうなるんだろ**

う？」という思いから、少し遅れて話し手と同じような脳活動をします。追体験のようなイメージです。

会話する同士の脳の連動が強くなっていくと、聞き手の理解度（解像度）はどんどん高まっていきます。

通常、私たちが言葉を聞いているとき、言語中枢という狭い範囲だけが活性化しますが、ストーリーを聞いているときは、次のページのイラストのようにこんなに反応しています。

言葉を聞いているだけなのに、ストーリーだと聴覚だけでなく、視覚野や脳の感覚領域まで活性化します。特に痛みを乗り越える話を聞いているときは、感情に関わる腹内側前頭前野《ふくないそくぜんとうぜんや》や、楔前部《けつぜんぶ》まで活性化します。サスペンスを聞いているときは、五感を統合する側頭頭頂《そくとうとうちょう》接合部や背側《はいそく》注意ネットワークという場所まで活性化します。

話が少し変わるだけで、脳のいろんな場所が反応するんです。だから、ストーリーは私たちの深いところに入り込むのです。

●痛みを感じる物語で活性化

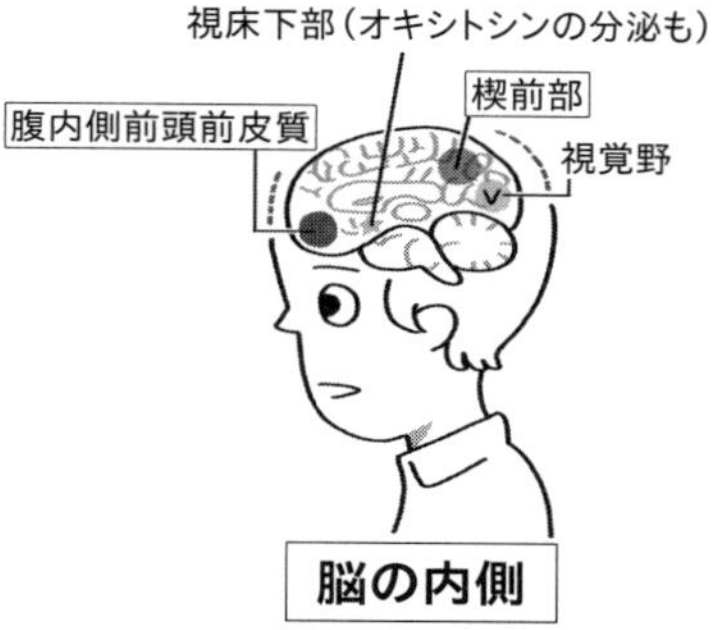

●サスペンスや感情的な物語で活性化

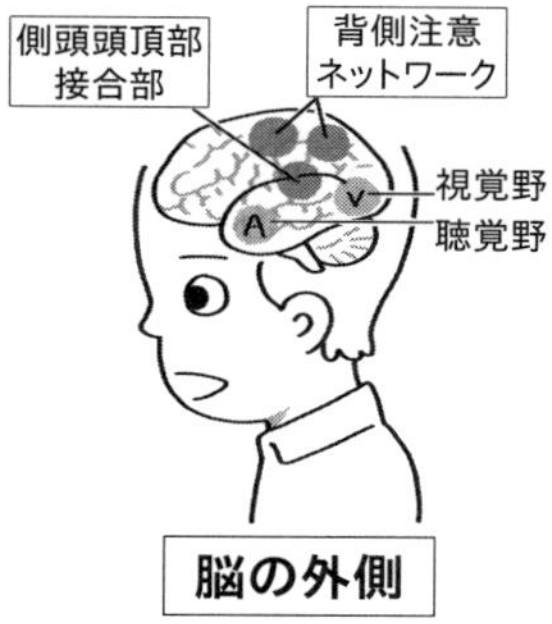

またストーリーを聞くとつながりや愛のホルモンであるオキシトシンが分泌されるため、話している相手に愛着がわいたり、組織のエンゲージメントにもプラスに働いて、社員が辞めにくくなる効果も期待できます。

すごくないですか、ストーリーの力。

「うまくいく人」「成功する人」には、さまざまなストーリーを語る人が数多くいます。

こういう人は、自分のストーリーだけでなく、ほかの人から聞いたストーリーも活用しています。

「お客さまでこういう人がいた」

「世界の偉人でこういう人がいた」

というような感じに。

自分の実体験で話せばよりリアリティがある話ができると思いますが、実体験がない「聞いた話」でも効果は十分あります。物語を聞くだけで、人生の意味が物語の主人公が持っているものに近づいていてシフトしていく調査結果もあるくらいです。

ストーリーづくりはこの3点を考える

ストーリーをつくるうえで、3つのポイントがあります。この3つのポイントは昔から伝わる神話や映画、小説などの名作物語に見られる共通点です。

この3つのポイントを組み込んでストーリーにして伝えると、相手の行動をより強く促す効果があります。

ストーリーは、相手に行動してもらいたいときにも有用な方法なのです。

【ストーリーづくりの3つのポイント】

①問題を伝える
②プロセスを伝える
③結果を伝える

この3つです。シンプルですよね。
最初に「こんな課題があった、こんな悩みがあった」からスタートします。
次（2つめ）に「具体的にこう改善をした」とプロセスを伝えます。
最後（3つめ）にその結果どうなったかを伝えます。

通販のCMはかなりこのパターンを活用しています。
「腰が痛い山本さん（仮名）。毎朝ベッドから起きるのも大変でした。外を歩くのもおっくうで、家にいる時間がどんどん増えていく。腰はさらに悪化。そんなときに出会ったのがこのストレッチマシーン。テレビを見ながらゆっくりできるこのマシーンを続けることで、腰にも徐々に変化が！　3週間続けると、ベッドから起きるのがとても楽に！　いまでは歩いてスーパーへ買い物にも行けるほどに」
こんなイメージです。

ストーリーには好奇心を高める効果があります。

次はどんな展開になるのかと関心が生まれ、話の先を知りたくなるのです。
脳の視点で見れば、脳の報酬系が活性化している状態になります。
だから、ただ説明されるとか、ただ話されるよりも、ストーリーで話されると、脳の活性化とともに関心が高まっていきます。

問題↓プロセス↓結果

ストーリーでこの流れを生んでいきます。

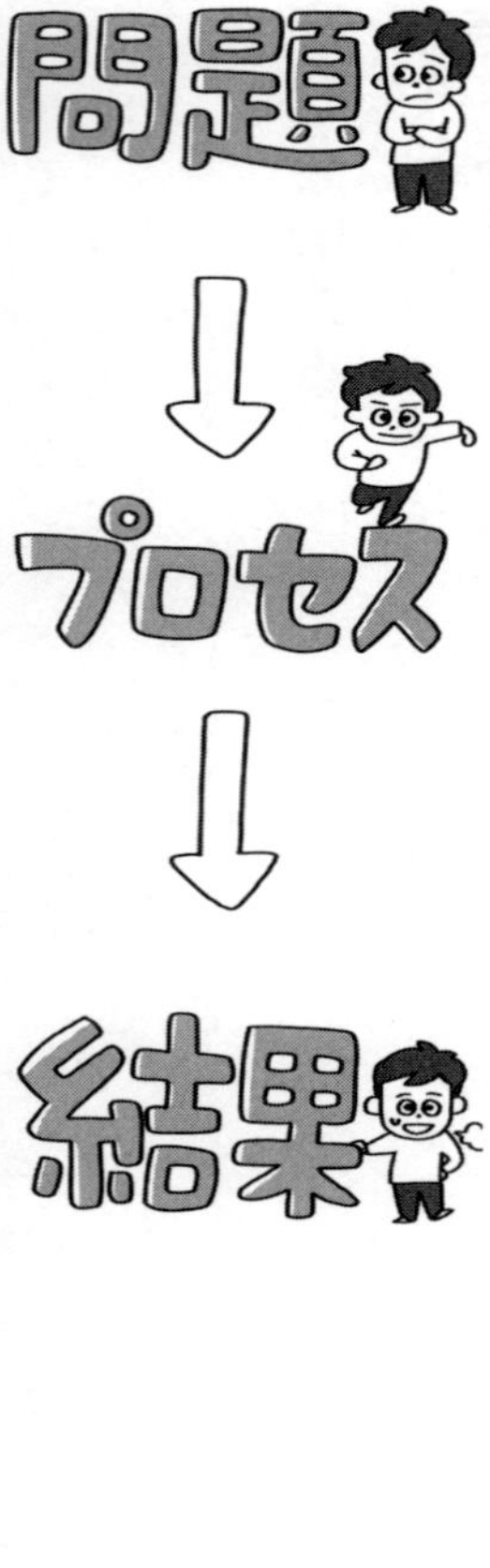

それでは、実際のストーリーを見て、流れをつかんでいきましょう。

たとえば、こんな場合はどうでしょうか。

ある男が大金持ちになった方法
…
貧乏…
お金がない人がいます。
この人はすごいお金が
欲しいと思っていました
■■■■
（ブラックボックス）
大金持ち!!
ガッハッハー
この人は
すごいお金持ちに
なりました！

この図を見たら、ブラックボックスの部分でいったい何があったのか、すごく気になりませんか？　これがストーリーの効果です。

ちなみに、**「ブラックボックス化」**はコミュニケーションで活用できる方法なので、ぜひ使ってみてください。人の興味をひきつけられる方法です。

具体的には、問題↓結果というかたちで話すのです。

さきほどの例だと、「お金がない人がいます。この人はすごいお金が欲しいと思っていました。でも、**あることをして、**この人はすごいお金持ちになったんです！」

というように。

そこから、プロセスの部分を話すことで、興味を引き付けたまま話をすることができます。

（実は、この本の冒頭もこのブラックボックス化を利用しています。）

会社の目標を共有する場合でもストーリーは活用できます。

たとえばいきなりこう言っても、社員にはなかなか響かないと思います。

「この先3年で大きなゴールを会社で実現します！　やりましょう！」

いきなりそう言われても、社員の心の中ではこんな反応が起きるかと思います。

「いやー無理でしょ」

こういうときこそ、ストーリーの力です。

「このまま行くと会社の売り上げは下がって、時代に淘汰されてしまう可能性があります（問題）。

でも、いま伸びている健康産業に投資をして、多くの人材を育てていけば、20年後に大きなリターンがあると世界的なリサーチで予測されています（プロセス）。

大きなゴールですが、売り上げを3年後までにみんなで上げていきましょう！（結果）」

ストーリーにすることで解像度が上がるため、やってみようという意欲がわきやすくなります。

このストーリーの中で特に大切なのは「プロセス」の部分です。

プロセスが抜けていたり、あいまいだと、聞くほうはハッキリとしたイメージを持つことができません。

ハッキリとしたイメージができないと行動に移せないので、いくら考えが立派でも絵に描いた餅になってしまいます。

繰り返しますが（大切なところなので）私たちが行動したいと思うのは「行動しているイメージがハッキリとできている状態」のときです。

逆にいえばイメージできていないと行動したいと思えないのです。

たとえば「これ、明日の締め切りまでにやっといて」といきなり言われても、どうやるかがイメージできないと、「やりたくない」という感情が先に生まれます。

プロセスも含めてちゃんと伝えることで、相手の「行動している自分のイメージ」の解像度を上げることが必要です。

そうなれば「行動したい」という感情を生み出すこともできるのです。

実際の仕事の現場は、依頼の仕方、任せ方が雑なケースがあります。

そこが雑だと、仕事を振られたほうにどうしても「やらされている」という感情が生まれてしまうのです。

頼んだ側には「なんでいつもやらされている感ばかりなんだ！　もっと自主的に仕事に関わってほしい」なんて感情が生まれるかもしれませんが、それは元をただせばその人の依頼の仕方に問題があったのかもしれません。

また、話が下手な人は、プロセスを抜かす傾向にあります。なので、相手にうまく伝わらず、コミュニケーションが難しくなってしまうのです。

ストーリーの法則はシンプルな方法ですが、これを覚えるだけで、伝わり方が大きく変わります。

解像度を上げる「締め切り効果」

もうひとつ解像度を高めるためにやってほしいことがあります。

それが「締め切りの設定」です。

具体的には、「いつまでにやりたいですか?」という質問です。

ただし、ただ締め切りを設定すればいいわけではありません。相手の解像度を上げる締め切りの設定方法があります。

それが、**「いつまでにやってください」ではなく「いつまでにやりたいですか?」と質問することです。**

「これからは締め切りをちゃんと守ってください!」と締め切りを守れない相手に伝えても、実は相手の脳の中ではそのことの解像度が高まっていません。

一方で、「いつまでにやりたいですか」と質問すると、相手は「自分で決める」という行為をします。第2章で伝えた「あなた次第です」というBYAF法と同じ原理です。その際、具体的に自分ができそうというイメージを持って回答するので、より実現性が高まるのです。答えた瞬間に、その日までにやっている自分がイメージできます。そうすると行動の確率が上がるのです。

自分で決めて、自分で答えたので、自分への約束になっているからです。

どうでしょうか。簡単な方法ですよね。

たいていの人は約束を守ろうとします。

約束を破ることは、守ろうとしている自分の認知とのズレになります。ズレを避けたいと思い、行動をするのです。これを**「認知的不協和の回避」**といいます。

自分との約束はちゃんと守ろうとする。脳っておもしろいですね。

繰り返しますが、「(いついつまでに)やってください」ではなく「いつまでにやりたいですか?」という聞き方が大切です。

この方法は私もよく使っています。

仕事で人の行動力を改善するサポートをしているのですが、仕事相手のなかには行動力がある人もいれば、行動になかなか移さない人もいます。

行動しない人に無理にやらせようとしてもうまくいきません。

行動に移さない仕事相手に対して悩んでいたときに生まれたのがこの方法です。

打ち合わせのときは「ぜひやりたい!」「やります、やります!」など、最初は乗り気になるのですが、時間が経つにつれてトーンダウンしていくことがよくありました。結局、全然やらないわけです。

そうなってしまうのは、私の伝え方が悪かったんだと気づきました。要は、相手の頭の中にハッキリしたイメージができてなかったわけです。

それを改善するために**「いつまでにやりたいと思いますか?」と聞くように変えると、行動に移す率が上がったのです。**

たったひとつの質問をしただけです。命令はしていません。それだけで行動力が大きくアップしました。

ほかにもこんな話があります。知人で「早く結婚したい」と長年言っている人がいました。でもなかなか縁がなく、結婚できずにいたんです。

ある日、私はこう質問をしました。

「いつまでに理想の人と出会いたいですか？」

すると、こう答えました。

「クリスマスまでには出会いたい」

私の質問に答えた瞬間に、彼の頭の中に「(東京の) 表参道のクリスマスイルミネーションの中を彼女と二人で歩いているイメージ」が鮮明に出てきたそうです。気持ち的にも高揚しているようで、「本当に実現したい！」と言っていました。

そのときは6月。クリスマスまでは約半年でした。

そこから彼の行動が大きく変わったそうです。出会いが多い場所に訪ねていったり、人と会うたびに、誰かいい人を紹介してほしいとお願いしたり、とにかく出会いのきっかけが増える行動をしていったんです。

すると、なんとクリマスの日に1通のメールが私のところにきていました。「まさか」とドキドキしながらメールを開けると「いま、彼女と一緒に街路樹のイルミネーションの中、手をつないで歩いています」と書いてあったのです。

私が質問をするまで5年間、まったく出会いがなかったそうなんですが、その質問に答えて半年で出会いがあったのです。その後、結婚もしていまでは幸せな家庭を築いているそうです。

これは何も運を引き寄せたとかそういうことではありません。

有名な「重要度と緊急度のマトリックス」があります。緊急度の高いことは実行に移すが、重要度が高くて緊急度の低いことの実行度は低い、というものです。

このマトリックスでは、緊急度ばかりに意識が行ってしまうと、大切なこと、や

重要度と緊急度のマトリックス

重要度＼緊急度	高い	低い
高い	緊急かつ重要	緊急ではないが重要
低い	緊急だが重要ではない	緊急でもなく重要でもない

りたいことがずっとできないままということを伝えてくれます。

　重要度の高いことをやらない理由は、締め切りがないからではないでしょうか。そこで、重要度の高いことに締め切りを設定します。「いつまでにそれを（重要度の高いことを）やりたいですか？」と自分に質問します。

　こうすれば、長年、やりたいと思っていたことができるようになる。

　人生で挑戦できたらいいなと思っていたことに挑戦できる。そんな人生を変える行動力が期待できるのです。

締め切りの設定と同時にやってほ

しいのが、重要度の高いことの解像度を上げていくことです。

解像度を上げ、締め切りを設定をする。それで行動力を上げていきます。

解像度が明確になると、気持ちが変わり、行動が変わります。行動が変わると、得られる結果もおのずと変わっていくのです。

アメリカの大富豪、オプラ・ウィンフリーはこんな言葉を残しています。

「準備万端の人にチャンスが訪れることを幸運と呼ぶ」

まさに解像度を上げておくことは、結果を得るための準備になります。

解像度が低い、イメージができない、抽象度が高い。

これらの状態は「腑に落ちていない」「理解ができていない」ということです。理解できないことは、行動に移しにくい。

この構造を覚えておけば、さまざまな課題解決や夢の実現も可能性が高まります。

相手の理解度を知ることで、伝わる力はアップする

相手が、自分が伝えたことをどのくらい理解しているかを調べる方法があります。

打ち合わせなどの最後に、この方法で確認しておくと、その後の認識のズレが減るので、これはおすすめです。

「スケーリング法」というメソッドです。

10点満点で相手の理解度を評価するという簡単な方法です。

たとえば仕事で打ち合わせがあった場合。打ち合わせの最後に、こう聞きます。

「今日の打ち合わせですが、10点満点で、何点まで理解できたと思いますか？」

すると、いろいろな回答が出てきます。

「3点くらいでしょうか」

「わかりやすかったので、8点は取れたと思います」

その答えに対して、次にこの質問をします。

「その点数を何点にしたいですか？」

これは打ち合わせのときだけでなく、さまざまな場面で活用できます。

子どもに勉強を教えたとき。

「今日の勉強は、10点満点で、何点まで理解できたと思う？」

と質問します。

「5点くらいかな」

そんな回答があったら、今度はこの質問です。

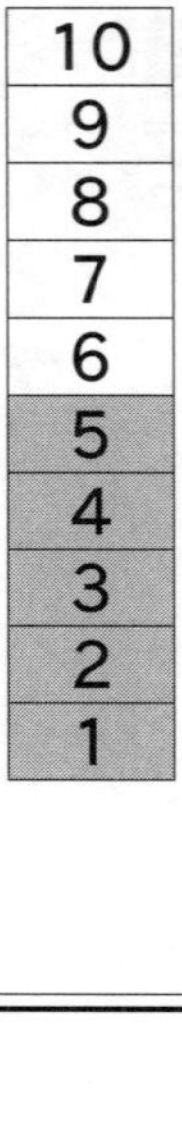

「次に勉強するときまでに何点になるようにしたい？」

「10点にはしたい」

「7点くらいかな」

そう答えたら、

「あと何があったらその点数を取れそう？」

こう聞いていきます。

これにより、子どもの理解度を知ることができます。

また、子どもが回答した点数を知ることで、そのことに対する子どもの関心もわかります。10点であれば関心度は高いですし、7点であればやらないといけないからやっているくらいの関心度かもしれません。

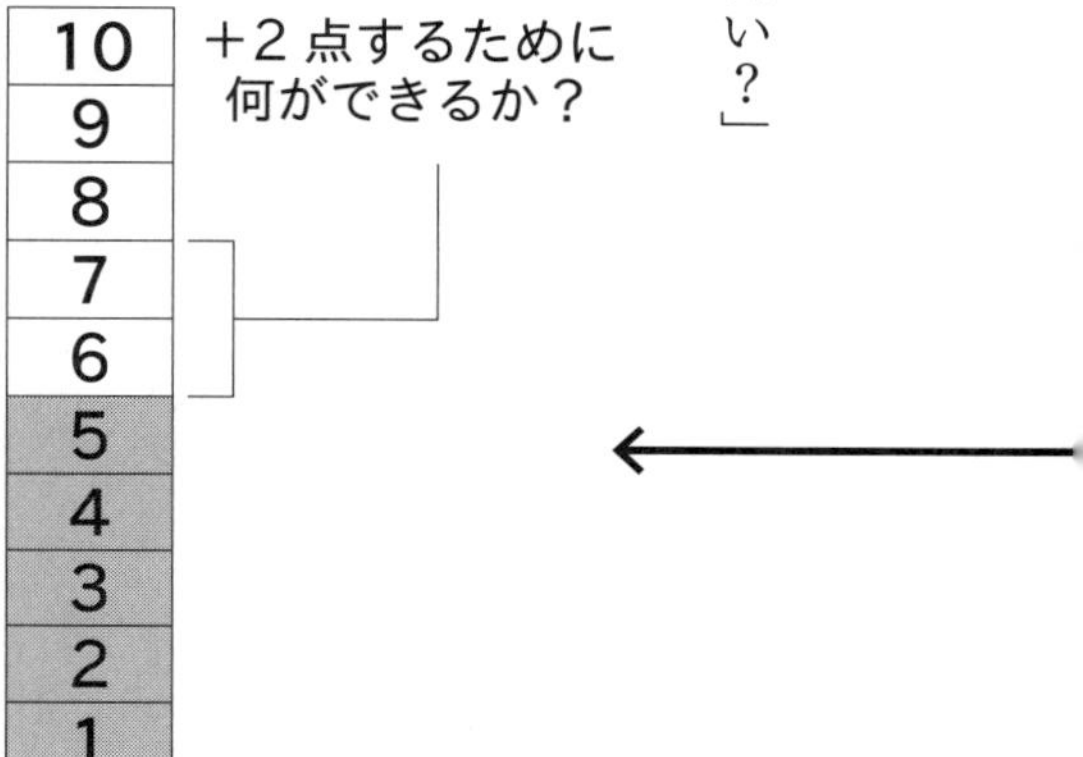

解像度を上げる「4メリットの法則」

私は長年「うまくいく人はどんな人か」というテーマで研究をしているのですが、**うまくいく人は、「理解への誘導」が上手な人が多いです。**

うまくいく人は、自分一人の力では何もできないことを知っています。周りの協力があって初めて成果を上げられることをわかっているのです。

なので、**どうしたら人が動くかを考えています。**

ここまで書いてきたように、人が動くのは解像度が高まったとき（理解ができたとき）です。つまり、**動いてほしければ、動きたくなるベースになることへの解像度を高める必要があります。**

でももし、動いてほしい人の解像度が低かったとしたら。うまくいく人は、動いてほしい人の解像度が上がるように導いていくことが得意なのです。

「これをしてください」

「自分でインプットしてください」

無理やり理解しろというようなことは言いません。だって、無理やり言ってしまうと、「やりたくない」という感情を生むことを知っているからです。

ではどうやって理解に導いていくか。

その方法のひとつが、**「4メリットの法則」**です。

そのままなんですが、相手にとってそれをすることのメリットを4つ伝える。それだけです。

私が講演をするときにやっている事例を紹介します。

講演会に参加している人に二人一組でAさん、Bさんを決めてもらいます。Bさんは後ろの席に行ってもらい、「これからやることは絶対見ないでください」とお願いします。

私はホワイトボードに「Bさんに伝えてほしいメッセージ」を書いて、Aさんだけに見てもらいます。

そして、Aさんに対してこう言います。

「このメッセージのメリットを4つ書き出してください」

そして、4つのメリットを書き出してもらったら、4つのメリットを伝えたあとに、本題のメッセージを伝えてもらいます。


実際にあったのは、こんな感じです。

「うまくいく人には習慣があって、年収1500万円以上の3割以上がやっていることとです」

「さらに、たった6分やるだけで、ストレスが68%なくなります」

「毎日やると認知の低下が起きづらく、健康寿命も伸びることがわかっています」

「ビルゲイツやイーロン・マスクなども大切にしている習慣です」

それが何かというと、それは、「本を読む」という習慣です！

こう伝えられると、どうでしょうか？

「本を読むのは大切だよ！」と言われても「まあそうだろう」と思う程度かもしれませんが、メリットを伝えられてから言われると、より「読書は大切」「もっと読んでみよう！」と思わなかったでしょうか？

「本を読むメリットはこの4つです」と言ってから4つのメリットを話すのも、効果はありますが、先にメリットを話して、答えを最後に言うほうがより効果的です。

同じことでも伝え方を変えるだけで伝わり方は大きく変わります。

この方法は仕事でも活用できる方法です。

たとえば、商品の販促物をつくるとき。

4つのメリットを伝えて↓その答えがこの商品です、という流れをつくると、よりお客さんに伝わるかもしれません。

あなたが新しい仕事を誰かに任せるときにも使えます。

この仕事を任せる相手がやる意義（メリット）を4つ伝えます。そしてラストでこのキラークエスチョンです。

「ちなみにいま、この仕事をやってみたい気持ちって、どのぐらいある？」

最後の質問をすることによって、相手のこの仕事への解像度もわかります。

「すごいやってみたいです」ということであれば、現状での解像度は合格レベルといえます。

一方で「やってみたい気持ちは5割ぐらいですかね」とか「1割です」といったように、低い数値を挙げた場合は、まだこの仕事をやる意味が腑に落ちていないということでもあります。

解像度が足りないときは、さらにその仕事のメリットをプラスしていきます。

実際に解像度が足りないということは、この仕事のことがさまざまな角度から見えていないということです。視点を提供しながらメリットをプラスしていってください。

それでもどうしても伝わらないということも、あるかもしれません。

そんなときは、相手のニーズを把握していきます。そのニーズを考えながら解像度を上げていくことです。

また、あなたと相手で一緒に解像度を上げていくのも、おすすめの方法です。

「いま解像度が3ということなら、どうやって7、8にできるか一緒に考えていこう」というように、一緒にやっていきます。

一緒にやっていくメリットは、解像度が上がっていかないポイントがどこにあるかを発見できるという点です。

「どういう意図で言ったと思いますか？」

「何が一番大事だと感じましたか？」

こんなふうに聞いてみると、あなたと相手の間で大事に思っていることがズレていたり、目指す方向性が違っていたりすることがあります。そうなると、いくら説明をしても解像度はなかなか上がっていきません。

そこで、認知のズレを矯正して解像度を上げるためにも、一緒に考えていくことが大切になるのです。

第５章

脳科学が導き出した伝わるコツ

相手を知るには「質問の技術」が使える

「質問上手」な人がうまくいく理由

伝えたいことがなかなか伝わらないとイライラすることがあります。

自分としては伝えたいことの解像度を高くして、できるだけわかりやすく伝えているのに、いつまでたっても伝わっていない。相手の解像度は低いまま。

こういうときは、イラッときて、つい「こうしてください！」と命令をしたくなるかもしれません。


でも、ここまで書いてきたように、命令は伝わりにくいコミュニケーション方法です。命令は相手の解像度を上げません。

であれば、伝わらない相手にどうやって伝えたらいいいか。


そんなときは、命令ではなく「質問」を使います。

うまくいく人の研究でも**「質問上手の人は成果を出す」ことがわかっています。**この本でもここまで「質問」を活用した方法を紹介してきました。

たとえば、つい言ってしまうこんな言葉。

「明日までにこれやっといて」

これだと命令になってしまいます。なので✖です。

質問だとこんな感じです。

「とても大切な仕事をお願いしたいのですが、明日までにやってもらえますか？」

最初の言葉は命令、あとの言葉は質問です。このちょっとした違いが実は結果に大きく影響しています。

脳は命令されると逆のことや別のことをしようとします。

子どもに向かって「勉強しなさい！」と言っている親の話をよく聞きますが、**「勉強しなさい」は完全に命令で、NGワードです。**

そもそもそれまで勉強をあまりしていない子どもに向けて「勉強しなさい」と言

ったところで、自らすすんで勉強するようにはならないですよね。

命令がNGな理由は、それが相手の快感にならないからです。先にも書いた通り、人は「快感」か「痛み」を動機に行動します。

「ならば命令は痛みになるんじゃないですか？」

そんな突っ込みが入りそうですが、命令は痛みにもならないことがあります。理由は明確で、命令されたことをやらなかったときの痛みを想像できない人がいるからです。

「じゃあ、痛みを明確にして、命令したらいいんじゃないでしょうか？」

またそんな意見が飛んできそうです。

確かにそういうこともできますが、いまの時代にそのやり方をすると仕事であればハラスメントの危険があります。家庭では甘えもあるので、なかなかそこまで厳しくはできません。

だから、質問です。

質問するメリットは脳の特性を考えるとわかります。

通常、普通に話を聞くときは、脳では左脳の言語野が活性化します。

でも、**対話形式で質問をされると右脳も活性化する**のです！

●ただ話を聞いている ↓ 左脳が活性化

●対話形式で質問される ↓ 左脳だけでなく右脳（右上側頭回《みぎじょうそくとうかい》や楔前部《けつぜんぶ》を含む部分）も活性化。

つまり脳全体が活性化

脳全体が活性化することで、話の内容もより明確にイメージしやすくなるのです。

伝え方がうまい人は、質問を投げかけながら話をしています。


以前、大学受験予備校のカリスマ先生の話を聞いたことがあります。

その先生の授業の特徴は、**「質問↓話す」を繰り返し**ていたことです。

質問を活用することで、受講する生徒の頭の中に授業の内容がスルスルと入っていくのです。


仕事でも勉強でも、教えるときも、伝えるときも、質問をうまく活用してみてください。

子どもに勉強をしてほしいときに効果的なひと言

命令はNG。

こう書きましたが、こんな相談を受けることがあります。

「子どもに勉強しなさい！　とつい怒鳴ってしまいます。だって、勉強しないでゲームばかりなんです。どうしたら怒鳴らずに勉強をしてくれるでしょうか？」

勉強をしてくれない子どもに対してどうしたらいいか？

こういった悩みを持っている人は多いですよね。

私がすすめる方法は**「逆命令法」**です。

「そんなに勉強が嫌なら、絶対に勉強しないでね」と伝えるのです。

浦島太郎は「この箱はあけないでください」と言われていたのに、あけてしまいました。ダメと言われると、逆に気になってくる。これが「逆命令法」です。

小さな子どもに、「この箱は絶対あけたらダメだからね」と話して、その部屋を去っていくと、子どもはその箱に関心が向き、あけたくてしょうがなくなります。こっそりあけてしまう子どももいます。

「逆命令法」は、命令されれば逆をやりたくなるという脳の特性を活用した方法です。これを心理的リアクタンスというのですが、うまく活用することで、勉強への関心や興味を生む力を持っているのです。

ダエメン大学の調査でも、学生たちに60語の単語をしっかり覚えてもらいました。その後、下記の2つのパターンの声をかけてみた実験があります。

①「絶対に忘れないでね」
②「忘れてもいいよ」

その結果、なんと②の「忘れてもいいよ」と声をかけたほうが、4%以上成績がよかったことがわかったのです（4%といっても、単語数では60語中2~3語になるので試験では意外と大きな点数の差につながることがあります）。

「勉強しないでね」という逆命令をするときは、併せてここまで紹介してきた**痛みと快感を伝えると、より効果が上がります。**

「そんなに勉強が嫌なら、絶対に勉強しないでね。ただ、あなたが将来こうなりたいと思っても、勉強をしてこなかったことで、そのチャンスを逃してしまうかもしれないけど、それはあなた自身が決めてね！」

こう言ってもまだ勉強をしない子どももいると思います。そのときもあきらめずに、繰り返し「逆命令」と「痛みと快感」を伝えていくと、徐々に変化していく可能性があるでしょう。

選挙で投票率を上げる「質問法」

「投票に行きましょう！」

選挙の前によく聞くこの言葉。さまざまな場所でＣＭが流れるなど、投票を促すプロモーションが行われていますが、日本の投票率はいっこうに上がりません。

この「投票に行きましょう！」という言葉、実は伝わりにくい言葉です。

理由は、人から促されるだけでは人の意識はなかなか変わらないからです。要は自分ごとになっていないのです。

おもしろい調査があります。

選挙で投票率が上がるすごい質問があるとわかったのです。

その質問とは「今度の選挙に投票するつもりはありますか？」です。

たったこれだけの質問で、質問された人の投票率が25％アップしたというのです。

選挙の前日に電話して、アンケートを行う際に「今度の選挙に投票するつもりはありますか？」と質問したところ、実際に投票に行った人が25％アップしたのです。

「投票に行きましょう！」ではなく「投票に行くつもりですか？」。

ここに質問のすごい力が隠されています。

なぜ、質問すると行動につながるのか？

それは、質問されると答えを出そうとするからです。

たとえば、「選挙に行くつもりですか？」と聞かれ、「選挙に行きます」と答えた瞬間に、選挙に行くイメージが具体的に出てきて、解像度が上がります。

また、「選挙に行きます」と言った瞬間に、それは専門用語で「コミットメント」になります。

「コミットメント」とは「公約、約束、責任、参加」という意味で、責任を持って自分が関わっていくという意志を表しています。自分との約束を人は守ろうとすることを、185ページでも紹介しましたが、まさに同じことです。

実際に質問を活用したイギリスの保険センターでの成功例が有名です。保険センターでは予約をしても実際に診療に来てくれないケースが多かったので、予約をする際に、**来る日時を電話ごしに復唱してもらいました。**たったそれだけで3・5％も予約を守る人が増えました。

さらに、次回の予約をするときに、今度は患者さんに日時を書いてもらうようにしたところ、18％も予約を守る人が増えたのです。

質問に答えることは「自分自身へのコミットメント」をすることになるため、言ったことを遂行しようと、行動力が上がるのです。

さらに質問されたときに、「投票に行く予定です」と回答した人の頭の中では、もう投票に行っているイメージがわきます。解像度が高まるわけです。そうなると、行動につながっていきます。

4万人を対象に行ったこんな実験結果があります。車の購入を前向きに検討している人に「6カ月以内に新車を買う予定はありますか？」という質問をしたところ、なんと**購入率が35％上がった**そうです。これも質問のすごい力です。

質問の力がすごいのは「回答する」という行為にもあります。質問に回答することは、「自分で考え、自分のこととして答える」ということです。この「自分のこととして答える」ことが脳に影響を及ぼします。

自分のことを話すと、脳の報酬系が活性化されるのです。

これはハーバード大学の研究でわかったことです。

自分の話をしているときと他人の話をしているときの脳をスキャンしたところ、他人の話よりも自分の話をしたときのほうが、脳が活性化しているんです。

自分のことを話したくなるのには理由があったわけです。自分の話ばかりする人がいますが、あれは脳が活性化している状態なんですね。

自分のことを話すと、脳の報酬系が活性化する。脳の報酬系はドーパミンです。つまり、ドーパミンが出るわけです。

「これをやってください」と言われるとやる気が上がらないかもしれないですが、質問されて、それに自分ごととして回答すると、ドーパミンが出やすくなり、やる気も高まってくるのです。

ちょっとした伝え方の違いですが、大きな差です。

伝え方がうまい人はここがわかっているので、質問の力を利用しています。

たとえば、リーダーがチームメンバーに伝えるとき。

と言うよりも

と質問で投げかけたほうが、実際にやり抜ける可能性が高まるのです。

「やり抜こう！」は、みんなでがんばろうという意味で言っているのかもしれませんが、聞く側からすると「命令ベクトルの言葉」に感じられることがあります。

強いメッセージを出すことがリーダーシップには必要だと勘違いをして、「がんばろう！」「やろう！」「達成しよう！」といった言葉をメッセージとして発する人がいますが、脳科学の視点で見ると、「伝わりにくい」表現になることがあります。

質問は押し付けではなく、意思決定を相手（回答する側）に渡しているので、相手は自分ごとになる。

この構造が大切です。

こんなおもしろい実験があります。

難しそうなパズルをやっている人に対して、周りの人が「あなたならできる！」と伝えるよりも、**「できそう？」と質問したほうが、達成力が2倍になったの**

です。

ここは大切なところなので繰り返します。

「がんばろう！」ではなく「がんばれそう？」

「達成しよう！」ではなく「達成できそう？」

「やり抜こう！」ではなく「やり抜けそう？」

ちなみに、**質問の力は他者に対してだけでなく、自分自身に対しても効果があります。**

頭の中で「がんばろう！」と自分に言うよりも、「自分はがんばれそう？」と自分自身に質問するのです。自分に対しても命令よりも質問です。

どうでしょうか？　質問ってすごいですよね。

ちなみに、質問の力はまだあります。

それは、質問されると「自分を認めてもらっている」と思えることです。

命令されると自分のことを認めてくれていない感じがしますが、質問されるとなんだか自分のことを認めてもらったように感じないでしょうか？

「これできそう？」

そう聞かれたときに感じる印象は「あ、この人は自分のことをちゃんと考えてくれているんだな」ということです。

これが安心感や信頼感にもつながるので、たとえば会社やリーダーへのエンゲージメントが高まることにもつながります。

いま企業は社員エンゲージメントを高めることが重要といわれていますが、**「質問の習慣」をつくることがエンゲージメントアップにつながります。**

エンゲージメントが低い組織は、命令が多いのではないでしょうか。

相手の本音を引き出す方法があった

「一緒に働いている人の本音がわからない」

「話していても、それが相手の本音かどうか、不安になることがよくある」

そんなとき、どうしたらいいでしょうか。


話していることが相手の本音かどうかを見極めるのは難しいですよね。

本音を引き出そうとして、よくやってしまうミスがあります。それが一方的な「本音を教えて」という聞き方です。

「今日は本音を教えてほしいんです。遠慮なく言ってください」

そうストレートに伝えたところで、相手が正直に話してくれるかはわかりません。

こういうときは、**「本音を教えて」の前に、ワンステップあると効果的です。**

「私の本音を話します。だからあなたの本音も教えてほしい」

先に自己開示してしまうのです。

先に自分を開示すると、相手もそれに応えないといけないという気持ちになり、本音を話してくれる可能性が高まります。

さらに本音を引き出すいい方法があります。

それが、**「投影法」**というやり方です。これも脳の特性から考えた方法です。マーケティングではよく使われている言葉ですが、この「投影法」がコミュニケーションで役立ちます。

「一般的に、会社ってストレスを感じる場所らしいんだけど、多くの人はどんなことに悩んでいると思う？」

こういう聞き方をするのが「投影法」です。

あなたの本音を聞くのではなく、一般的な意見を聞きたい。そういう聞き方をするのです。

投影法は、あいまいな情報や状況を相手に与えることで、その人の特性や心の中を見いだそうとする人格評価法のひとつです。

挙げた例文でいえば、「一般的に」というあいまいな聞き方をしながら、そこに投影されるその人の考え、本音を見いだしていきます。本音はこういうところに表れるのです。

さらにほかにも本音を引き出す方法はあります。そのひとつが「場所変え」です。

仕事のことであれば職場よりもほかの場所のほうが、本音が出やすい傾向にあります。

また、座る場所も影響します。

正面に座るよりも、斜め向かいや横の位置に座るほうが、相手に緊張感を与えなくなるので、より正直な心境を聞きやすくなります。「バーカウンター効果」は確かにあるんです。

座る位置に関して、特に**私がおすすめしたいのは「斜め向かいに座る」**です。

真横に座ると対等な位置で同じ方向を見ている状態になります。このとき、お互いの視線は並行していて交わりません。そのせいで冷静になってしまい、赤の他人みたいな関係になってしまう可能性があります。

でも、斜めに座るとお互い視線の先に相手がいて、さらに視線が交わるので、一緒のゴールを共有しているイメージが生まれやすいんです。なので、私は斜めに向き合う座り方をすすめています。

ちなみに会議で真正面に座ってしまうとバチバチが起こりやすくなります。

それと、聞き方でもうひとつポイントがあります。

それが「なぜ」ではなく「何が」という聞き方です。「何がクエスチョン」です。

「なぜそうなったのかな?」より「何がそうしたのかな?」という聞き方をしたほうが、肯定的で前向きな聞き方ができることがわかっています。

「なんで」という聞き方は、相手を非難しているように聞こえます。一方で「何が」と聞くと、相手は自分を客観的に見ることができ、冷静に対応できるのです。

ちなみに、前向きな話、ポジティブな話のときは「なぜ」と聞いてもいいのですが、うまくいかなかったときに「なぜ」と聞くと、相手はネガティブな感情になりやすいのです。

✖「なぜ行動しないんですか？」
○「何があなたの行動を妨げてるのですか？」
✖「なぜ挑戦したくないのですか？」
○「何があなたに挑戦したくないと感じさせているのですか？」
✖「なぜそう思うのですか？」
○「何があなたにそう思わせるのですか？」

いずれにしても、大前提として大切なことがあります。それは信頼感があることです。信頼感がない相手には心のうちを正直に話す気持ちが起きにくいからです。まずは信頼感を築くことを考えてください（その方法は46ページで紹介しています）。

大きな質問より小さな質問が相手の解像度を上げる

新しい仕事のプロジェクトがスタートします。
参加メンバーには質問1と質問2、どちらの問いかけが有効でしょうか？

質問1
「このプロジェクトを実現するためには、どういう決断をすればいいですか？」

質問2
「このプロジェクトを実現するためには、どういう一歩を踏み出したらいいと思いますか？　どんな小さな一歩でも結構なので」

有効なのは、質問2のほうです。

こうやって小さく質問することで、相手の頭の中の解像度が上がるからです。

ポイントは「どんな小さいことでもいいので」と伝えることです。

「とりあえずネットで情報を集めてみます」とか「関係各社に話を聞いてみます」とか、具体的な行動が起こりやすくなります。

それをどんどん積み重ねると、結果的にゴールを実現していけるのです。


大切なのは「大きく」ではなく、「小さく」です。

行動するかしないかの選択には「解像度の差」が影響します。

第4章で述べた通り、解像度が高くなるほど、行動したくなります。

なかなか行動ができない人っていますよね。

こうやりたい、こんなことがしたい、など考えていても、考えるところで終わってしまって、実行できないまま。計画しても行動しない。「自分は意志が弱い。行動力がない」なんて、自己嫌悪になっている人もいるんじゃないでしょうか。

でも、**行動力は意志の力ではないのです。**

そもそも人は、基本的に意志が弱いのです。なので、意志に頼るとたいてい失敗します。

挫折することって、意志の力でやろうとするから挫折するんです。

勉強も、ダイエットも、お金を貯めることも。

でも一方で、行動力の高い人っていますよね。この人たちはなんで行動できるのでしょうか？　それは「脳」に秘密があります。

行動するかしないかはたいていの場合、「イメージの解像度」の差なのです。

イメージがハッキリしていると、人は行動します。
イメージがあいまいだと、行動しにくくなります。

たとえば、何かを食べに行こうと思ったとき。
「洋食を食べてみたい」というのと「横浜発祥の名店のデミグラスソースのハンバーグを食べてみたい」というのでは行動のイメージが違います。

脳は鮮明にイメージした瞬間に、リアルに感じて、そのものを得たいという期待が働きます。

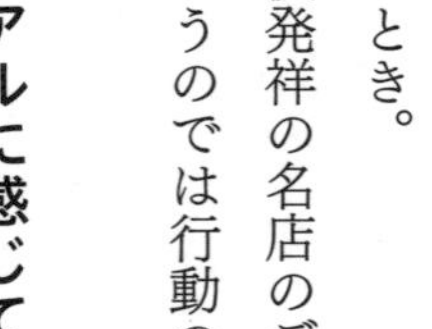

私たちは期待をしたときに、やる気の神経伝達物質であるドーパミンが放出されます。結果、脳は勝手にそれを得るために「行動したくなるモード」になるのです。

このイメージの鮮明さ（解像度）は、視覚的なイメージでなくてもいいのです。

脳タイプが聴覚タイプの人は、肉がジュージューいっている音が聞こえたり、お店のガヤガヤした雰囲気、バックミュージックなどが連想されるとより行きたくなりますし、体感覚タイプの人は、肉の香りや食べたときの肉のジューシーさ、熱々の鉄板の温度などを感じられると、お店に行きたくなります。

つまり、**行動力がある人は、具体的にイメージする解像度が高いのです。**

実際に、こんな研究結果もあります。英国ケンブリッジ大学の研究です。

被験者に目を閉じて1〜2分、6つの行動のなかから選んで、その行動をしている自分をイメージしてもらい（それもポジティブな点に焦点を当てて、前向きに活動して、前向きな方法で解決している自分をイメージして）、行動の解像度を上げた結果、なんと、約1・7倍も行動力が高まることがわかりました。

逆にいえば、**行動できない人は、意志が弱いのではなく、イメージする力が弱いのです。**

イメージする力が弱いので、「やりたい」という感情が強まっていかず、行動しない選択をしてしまうのです。

イメージができず行動を阻害する壁は、実はもうひとつあります。
それは、「指示が大きすぎる」という問題です。

脳の性質のひとつに「大きなものに恐怖を感じる」という特性があります。

たとえば3メートルのビルから飛び降りてくださいと言われたら、怖いですよね。
でも30センチの塀から飛び降りてくださいと言われたら、どうでしょうか。
問題なく飛べますよね。
これは距離の大小というよりも、イメージできるかできないかの違いです。

たとえば、水泳の飛込競技は10メートルの高さから飛び込むことがあります。
選手はイメージできているので、飛び込むことに躊躇《ちゅうちょ》はありませんが、やったことがない人が10メートルから飛び込むのは怖くてしょうがないと思います。私にはまったく無理です。スキーのジャンプも同様です。

要はその行動がイメージできるかできないか、の違いなのです。

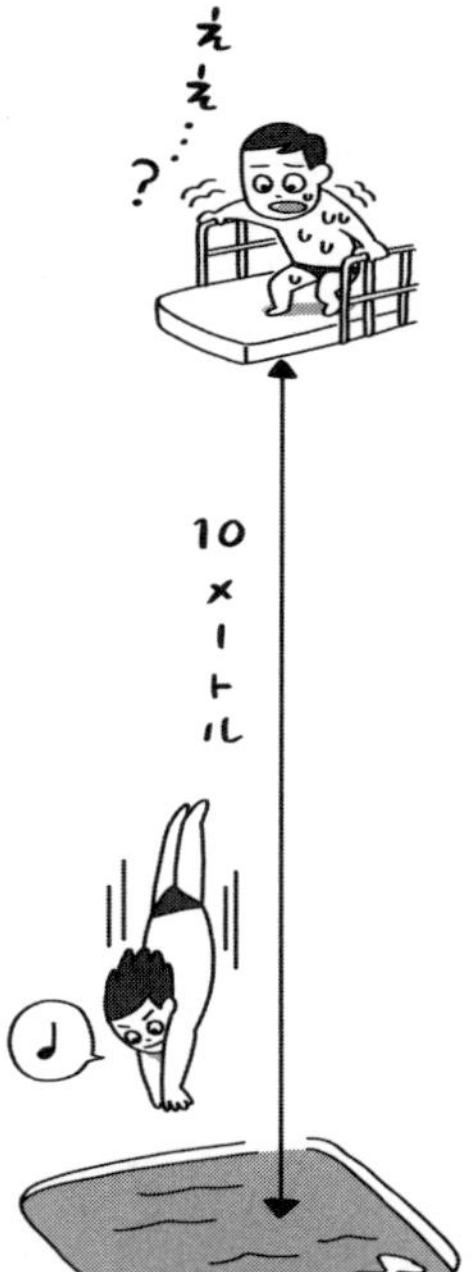

小さくして相手がイメージできるようにしてあげる

仕事でも同じです。上司からイメージできない大きな仕事を振られたら、「自分には無理」と思ってしまうかもしれません。

そこで、**仕事を頼む側に必要なのが、大きなことを小分けにして、小さくすることです。**小さくして、相手がイメージできるところまで小分けしてあげると、行動が起こりやすくなります。

ここは大事なところです。

大きいこと　↓　イメージできない　↓　恐怖心　↓　拒否反応
小さいこと　↓　イメージできる　↓　やれそう　↓　行動へ

この図式をぜひ覚えておいてください。たとえば、新入社員が初めて会社の懇親会の幹事を任されたとします。

この時、「懇親会の幹事をして」と言われても、漠然とし過ぎて、まず何から始めたらいいの？　と途方に暮れてしまうかもしれません。

でも、これを小さく分解してあげるとどうでしょうか。

たとえば、参加者をメールで募る・参加者全員が集まりやすい日程を選ぶ・会社から提供される予算の確認・お店の予約をする・お店の下見をする・参加者への案内状や招待状を作成……と、作業を分解します。そうしたうえで、まずは参加者をメールで募ってください、と言ってもらえたら、どうでしょうか。それならできそうだ、となってもらえそうですよね。それと、小さくしたあとに、「未来の展望イメージ」を伝えると、さらに脳は行動したくなります。

行動に移したらどんなことが起こるか、そのイメージを具体的に伝えるのです。

未来の展望がイメージできていると行動しやすくなります。

これをやったらこうなる。結果が具体的にイメージできていると、そこに行きたくなるので、行動が促進される効果があるのです。

この書類を処理したらどんな結果を得られるか。

この仕事をやり遂げたらどんな未来が待っているか。

そこを伝えることで、行動を促します。

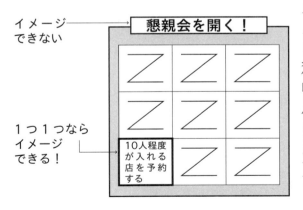

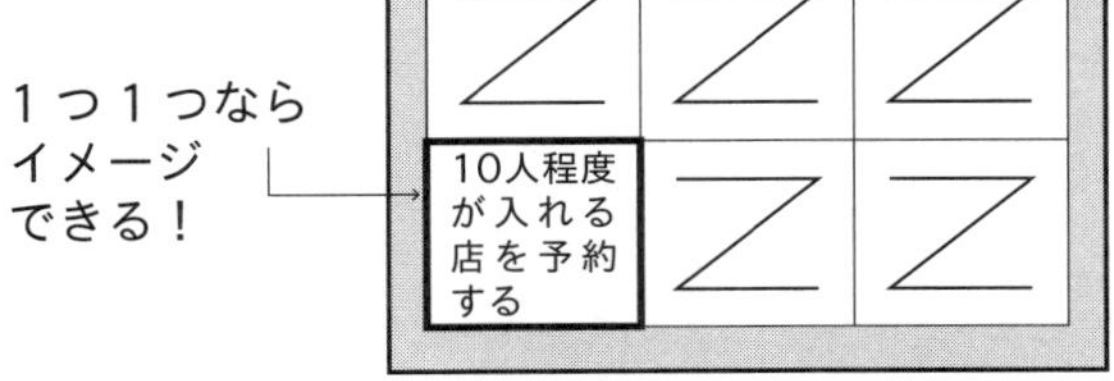

相手の自発性を高める「自発誘導クエスチョン」

自発性が弱くて、言われたことだけをやっている。自ら動いて仕事をしようという考えが希薄。そういう部下やチームメンバーに対する悩みが多いことをここまで何回か書いてきました。

そんな悩みがある人に、ぜひ使ってほしい方法があります。

自発性を高める解決策。それが「自発誘導クエスチョン」です！

会社で自発的に動いてくれない社員がいたとき。有効な質問があります。

それは、何気ない会話のときに**「ちなみにあなたは何も言われなくても自分で考えて動くほうですか？」と聞いてみる**のです。

この質問への回答は、主に2つです。

「動かない人です」という答えと「動く人です」という答えです。

2つあるので、どちらかを選ぼうとします。そして、よほどのことがない限り、人は「よいものを選ぼうとする」ので「動く人です」と答える人が多いはずです。

ここがポイントです。自分で自分のことを「自分で考えて動く人」と答えたわけです。もうわかりますよね。

そう、「動く人」と答えた瞬間から脳は「動く人」という方向で動いていきます。何も言わなくても「動く人」というイメージが脳にできていくのです。

この脳の特性を活用し、路上アンケートで回答する人を増やせます。

「アンケートへのご協力をお願いします！」

「アンケートに協力いただけると●●をさしあげます」

そんな声をかけられたことがある人も多いと思いますが、路上でアンケートを取るのは簡単ではありません。

でも、あるひと言を投げかけると、アンケートに回答してくれる率が高まります。

そのひと言とは、

「あなたは協力的な人ですか？」と事前に質問しておくのです。

街頭でアンケートを行う前に、こう投げかけると、**アンケートに答えてくれる率が上がる**という実験結果があります。

その理由は、質問されると脳は少し違う反応をするからです。同じ言葉を発せられたとしても質問をされたときは脳は全体を活性化して考えようとします。そうするとＹＥＳと答える率が高まったり、行動しているイメージがしやすくなるのです。

ちょっとした言葉の違いで、相手の頭の中に浮かぶ世界はまったく変わるのです。

そこがわかっているので、人を動かす達人は命令より質問をよく使います。

もちろん、人間はそれまでの習慣や脳のクセがあるので、その瞬間そう思っても、もとに戻ることもあります。なので、繰り返し質問をしていくことも必要です。

命令はとにかくNG。なぜなら「伝わらない」を生むから

こんな相談を受けたことがあります。

「仕事相手が支払期限を過ぎているのに、ギャラを支払ってくれないんです。何度もお願いをしているのですが、聞く耳を持たずでして。このままなし崩しで払わないつもりなのではと不安なのですが、**どうやったらお金を払わせることができるんでしょうか？」**

なかなかの問題に直面しているせいか、元気がなさそうで、どうにかしてあげたいと思いました。

ただ、相手に実際に支払うお金がない場合は、もう伝え方うんぬんではどうにもならないので、そういうときは裁判をするなり、ほかの手を打つしかないでしょう。

そうじゃない場合は、伝え方でどうにかなる可能性もゼロではありません。

こういうときに気をつけないといけないのは、やってはいけないコミュニケーションの取り方をしてしまうことです。

特にやってはいけないのが、お金を払わない相手に対して電話やメールで「早く払ってください！」「●月●日までに払ってください！」というお願いをすることです。これはあまり効果的ではないかもしれません。

理由は、「払ってください」という言葉が、相手からすると「命令」に感じられるからです。

繰り返しますが、脳は命令をされると、「命令に従わないと」と思うわけではありません。むしろ、逆です。「命令に逆いたくなる」のです。

命令は、相手が罪悪感を持っている場合は効果的なこともあります。

でも、本人に罪悪感や悪いことをした思いが薄い場合は、命令は抵抗や反抗につながります。

お金を払わないのは一般的には悪いことです。普通は罪悪感があり、支払います。しかし、それをしないということは、普通の感覚とかけ離れている証拠です。そういうときは命令しても難しい可能性が高いでしょう。

こういうケースでは、命令（お願い）ではなく、事実を話すというやり方があります。

もしお金を支払ってくれなかったときにどうなるか。その事実をたんたんと伝えるのです。

「お支払いをいただけない場合は、ここまでかかったコストを計算し、そこを請求させていただくことになります。また進めている商品の開発はストップになります。もしそれでもお支払いいただけない場合は、担当の私ではなく法務部マターになります」

というようなイメージです。

事実は脳の前頭前野でとらえます。前頭前野は理性をつかさどるところなのですが、その働き方に特徴があります。

「意見」が入ってきた場合は、その意見が自分の考えにマッチするかどうかを前頭前野は検討します。そのうえで、YES、NOの判断をするのです。

一方で、「意見」ではなく「事実」が入ってきた場合はどうでしょうか。

事実は事実です。なので、そこでの検討は起きず、受け入れようとします。

意見というのは、その人の考えのことです。
意見を言うと、相手は「自分の意見と違うかどうか」を考えます。そして、相手が「自分の意見と違う」と思えば、行動を起こしてはくれません。
一方で、相手に対しメリット（得する、快感など）を提供する、デメリッ

ト（痛み、損するなど）を伝えると、人は行動する可能性が高まります。

「こうしたらいいんじゃないかな」という意見を言うことで、相手が動くこともももちろんありますが、より確実に動いてもらうためには、事実を、特に痛みを伴う事実を伝えることです。

「このままこういう状態が続くと、こんな大変なことが起きるので……」という感じで、痛みを伴う事実を伝える。そして、「でも、動くとこんな快感が待っていますよ」という事実を伝えるんです（もちろんそう伝えても払ってくれない人もいますが……）。

人はぬるま湯にいると、ずっとそこにいたい生き物です。

でも、ぬるま湯の下に剣山を敷き詰めると、びっくりして出てきます。しかも、その先にすごい快感が待ってたら、もう迷わずそっちに行こうとします。

「痛み」と「快感」を重ねると、人の行動力は変わるのです。

お金を支払ってもらうにはどうしたらいいかを研究したものもあります。
イギリス国税庁は税金の未納者が多く困っていました。そこである方法を使って、成果を出しました。なんと**督促状による未納金の回収率が57%から86%に高まったのです！**

それはこのような言葉を督促状に付け加えたのです。

「大多数のイギリス国民は税金を払っています」

これは脳のバイアスのなかでも「ハーディング」「多数派バイアス」といって、多くの人が支持しているものは正しいに違いないと思ってしまう脳の性質です。
ハーディング（Herding）とは英語で「群れをなす」という意味ですが、たとえば、道を歩いていて行列店があったら、入ってみようかと思うのも、このハーディングというバイアスです。

省エネを促進するために、一番効果的だった言葉はこれでした。

✖「一人で節約しよう」

○「みんなで節約しよう。77%の住民はエアコンではなく、扇風機を使っています」

人間は社会的な生き物です。一人で生きることができないことを知っています。なので、**多数が同調しているものは生き残るために重要なものと認識してしまう**ようです。

「長いものには巻かれろ」という言葉もありますが、これが私たちのDNAに刻まれた性質なのかもしれません。

私は個人のニーズに合わせて、コンサルティングやカウンセリング、コーチングの3つを融合したメンタリングというサービスも提供していますが、始めた当初はクライアントに対して、相手にやってほしいことだけを伝えていた時代がありました。もちろん間違ったことを言っているつもりはありません。客観的に見て相手に必要なことを話していました。

でも、クライアントの一人が私の意見をまったく聞いてくれません。「こうしたほうがいい」と一生懸命話しても、実践してくれないのです。

そんなときは無理やりやらせようとしていました。結果、そのクライアントはそれ以来、私のところに来なくなってしまったのです。

さすがにこのときは落ち込みました。なんでこんなに一生懸命、相手に対峙《たいじ》しているのに、その人は大切なところであきらめてしまったのか。自分は嫌われてしまったような気持ちにもなって、崖から突き落とされたような感覚にもなりました。

でも、そこで気づいたのです。**今後は自分の意見を言うのではなく、事実だけを言おうと。**

実際に事実だけを伝えるようにしたところ、行動してくれる人が格段に増えて、お客さんも見違えるように増えました。自分で言うのもなんですが、私の個人メンタリングは数カ月待ちで、男女問わず多くの方が来てくれています。

このやり方はマネジメントにも活用できます。
上司が部下を育成する場合に、いまはハラスメントでなかなか言いたいことが言えない時代です。そこで事実をうまく活用しながら伝えていきます。

命令ベースの伝え方

「急なプレゼンが決まったので、7月7日までに至急、提案資料をつくってください」

事実ベースの伝え方

「急遽《きゅうきょ》、プレゼンが決まりました。前回のプレゼンのときにつくってもらった資料がすばらしく、クライアント受けもよかったので、同じような提案資料をつくってもらうことは可能でしょうか？　提案は7月7日です」

この2つの伝え方、一見すると似ていますが、効果がまったく違います。

第６章

たとえて、選ばせる

脳科学が導き出した伝わるコツ

「伝わる」を生む比喩のパワー

私は以前、比喩手帳をつくっていました。**比喩手帳のおかげで、「伝わる力」を大きく成長させることができたのです。**

伝わるための大きな要素、それが比喩（メタファー）です。比喩とは、自分の伝えたいことを、似ていたり関係していたりすることにたとえて表現することをいいます。

たとえば左の文章はコンサルタントの仕事について書かれたものです。

「コンサルタントの仕事は、お客さまのニーズに合わせて、相談を受け、解決していくことです」

そう伝えられても、いまいちコンサルの仕事内容の解像度は上がりません。
そこで比喩の登場です！

「コンサルタントは、高い山に登るときに必要な案内人のような仕事です。あなたは「シェルパ」という名前の職業を聞いたことがありますか？シェルパは、エベレストを知り尽くした専門家です。一人では到底登れない大きな山を登るために、後方からアドバイスします。天候によってどのルートが最適か、どんな装備が必要か、深い洞察と知識で山頂まで導いてくれるのです。
コンサルタントは、まさにシェルパのような存在です。一人では登れない大きな山を一緒に登っていくパートナーの役割となるような仕事なんです」

こう伝えられるとどうでしょうか？　イメージが明確になり、解像度が上がってこないでしょうか。

言語で伝えると、通常は左脳だけが反応します。でも比喩を使うと右脳（右脳皮質や下前頭回を含む広い領域）も活性化します。

伝え方がうまくなるためには左脳だけでなく、右脳も活性化させることが大切です。ここまで紹介してきた「ストーリー法」や「質問法」も、左脳も右脳も活性化させる方法でした。比喩も同じように、右脳も活性化させるのです。

比喩の使い方にはポイントがあります。それは目的を忘れないことです。

比喩を使うことは、伝えたい相手の頭の中の解像度を上げること。つまりよりイメージがハッキリした状態になってもらうことです。なので、ただ比喩を使えばOKというわけではありません。解像度が上がらない比喩では意味がないのです。

先ほどのエベレストの比喩であれば、解像度は上がったんじゃないかと思いますが、よくあるのがその手前で比喩を終わらせてしまうことです。

手前比喩はこんな感じです。

「エベレストには、一人では登ることはできません。でもエベレストには山登りをサポートするシェルパっていう人がいます。登山者をサポートしてくれるんです。コンサルタントは、シェルパのような存在なんです」

ちょっとした違いですが、伝わり方は変わります。これが手前比喩です。比喩が多すぎても伝わりにくいし、少なすぎても伝わりにくい。バランスが大切です。

以前の私は比喩をまったく使わない人間でした。

たとえば、脳科学に関する話をするときもバンバン専門用語を使って、相手がわかるかどうかなんて気にせず話をしていた時代がありました。

でもそれを続けていると、周りから「西さんの話はごもっともだけど、よくわからない」「難しい」という反応をもらうことが多くなりました。

そこで、話し方、伝え方を改善しようと思い、うまくいく人の話し方を研究してわかったのが、比喩の大切さでした。


といっても、どんな比喩を使えばいいか、最初はまったくわからなかったのでまずは**比喩採取**をすることから始めました。本を読んだり、人が話していたり、テレビで見たりした比喩を、書き溜めていったのです。それが比喩手帳です。

比喩をストックしていき、そのなかから話をするときに使えるものをピックアップしていきました。

続けるうちに、**「使い勝手のいい比喩」が徐々にわかってきました。**

たとえば、建物を建てることと結びつけたビジネスの比喩（家を建てるためにはまずは地盤を整えなくてはならないなど）、農業と結びつけたビジネスの比喩（畑をたがやさずに種をまこうとする人）などは、使い勝手のいい比喩です。

私は、**本を読むときは「比喩が出てきたら青線で引く」**と決めています。

青線を引いた比喩をあとで比喩手帳に書き込む。手間はかかりますが、これが効果絶大でした（ちなみに青なのは、私がほかの色をすでに本を読むときに使っていたからです）。

ただ青線を引くだけだと、やっぱり忘れてしまいます。それを手帳に書く、さらに手帳を見返す、という行為で比喩がどんどん記憶に定着していきました。

私は本当に話すのが苦手だったので、こうやってストックした比喩をまるで英単語を覚えるかのように、手帳にして覚えました。

それを毎日見て、話をするときに使う。そうやって比喩を自分のものにしてきたんです。比喩手帳は私にとって、宝物です。

厳選！使い勝手のいい比喩リスト		
■最高の気持ち	→	天にも登るような、宝くじが当たったような
■大きなことを実現しよう	→	誰も見たことのない景色を見よう
■鍛えれば発達する	→	筋肉のように
■何度も何度も繰り返す	→	シャドーボクシングのように
■大切なもの	→	鍵、心臓部、エンジン
■力でねじふせようとする人	→	「北風と太陽」の北風のようだ
■最悪なことは往々にして好転する	→	夜明け前が一番暗い
■マイナスな心の声	→	雑音（心のノイズ）
■先入観を持たずに見る	→	世の中を生まれたての赤ん坊のように見る
■次々とひらめく	→	まるで工場のようにアイディアが生まれる
■繊細に扱う	→	薄いガラスが割れないように大切に扱う
■小さなことが大きなことにつながる	→	雪だるまを転がすと大きくなるように
■目標は自然と向かいたくなる	→	植物の芽が光を求めて伸びていくように
■無理なことを言う人	→	ニワトリに空を飛べと言っているようなもの
■障害は大切	→	飛行機は逆風があるからこそ飛べる
■人と環境の関係	→	どんなにソフトがよくてもハードも大切
■毎日継続する	→	毎日歯を磨くように〇〇する
■全体を把握しないで進む人	→	手前しかライトを当てずに進むようなもの
■最初は難しくてもいずれ簡単にできる	→	初めて車を運転するときと同じ
■これがあれば大丈夫	→	パスポート、水戸黄門の印籠のようなもの
■正しい指針を持つ	→	コンパス、マップを持つ
■やる気を出す	→	魂に火を灯す
■後ろ向きばかり考える人	→	バックミラーを見ながら運転をするようなもの
■柔軟になることの大切さ	→	世の中で最も強い木は硬い木ではなく、強風でも折れないしなやかな木
■ほめること、感謝を伝えること	→	しおれた花に水と栄養を与えるようなもの
■許さない人の状態	→	手を握りしめて血が出ていることに気づかない

「この人の比喩、すごいな」と思うような伝え方をしている人は、突如その表現が思いつくのではなく、ストックのなかからセレクトしている感じなのだと思います。

以前、営業成績がいい人と悪い人の違いについて調べたことがあります。

そこでわかったのが、**営業成績がいい人はよく比喩を使い、営業成績が悪い人はあまり比喩を使わない**ということでした。

こういうことも、会社などで教えてあげればより営業成績が上がるんだと思います。そのくらい「伝わる」を生み出す比喩の効果は強力です。

「比喩」は人に伝える強力言語

「廊下を走ってはいけません！」

学生時代、先生から怒られた人もいるのではないでしょうか。

校舎の壁には「廊下を走ってはいけません」と書かれたポスターが貼られていた学校もあったと思います。

このような注意で、廊下を走る生徒は本当に減ったのでしょうか。

なぜ、廊下を走ってはいけませんと言われたのに、無視して走ってしまうのか？

それは、**「命令」は伝わりにくいコミュニケーション法だからです。**

ここまで何度も出てきた「命令」です。

では、**どうしたら廊下を走る生徒を減らすことができるのでしょうか。**

そのためには、「なぜ？」を考えていくことです。


なぜ廊下を走ってはいけないのか？

最大の理由は危険だからです。出会い頭にぶつかることもあるので、その危険性を考えて走ってはいけないというルールが生まれています。


では、こう伝えるのはどうでしょうか？

「廊下を走ってはいけません！　危険です！」

まだそこまで伝わっていなさそうですよね。命令の範囲を出ていません。


ここで考えたいのが「比喩」です。

たとえば、「スピードが出ていてぶつかる危険性があることは何か」を考えてみます。そうすると頭に浮かぶのが車です。車はスピードが出ていますし、道路に信号がなければ衝突するリスクがあります。そこでこう表現したらどうでしょうか。

「この廊下に信号機はありません。スピードを出して走ると、人をはねてしまうような、とりかえしのつかない大事故につながってしまいます！」

この表現を聞いた瞬間に、廊下を走ることの危険性がより具体的にイメージできたのではないでしょうか。

比喩は普通の言語と異なり、感情をつかさどる扁桃体《へんとうたい》も活性化することがわかっています。単に走ってはいけませんと言うよりも、心を揺さぶられます。**比喩をうまく使うことで、感情の解像度まで高まるのです。**

比喩はどの脳タイプにも効果がある万能型

以前、孫正義さんの講演の内容を分析する仕事をして気づいたことがあります。孫さんは比喩の達人でした。聞き手がイメージしやすいように、身近な例、わかりやすい例を使って、理解を生み出しているのです。

比喩のすごいところは脳タイプを超えて、どの脳タイプの人にも伝わりやすくなる特性があるところです。

比喩はかなり万能。なので、伝え方がうまい人は意識的か無意識かわかりませんが、比喩をよく使う人が多くいます。

比喩は脳の言語野以外の部分も活性化させるので、脳タイプにかかわらずイメージが明確にわきやすいのです。

「天にも昇る気持ち」と言われたとき、どんなものが思い浮かびますか？　と質問をする実験をしたところ、脳タイプに関係なく、どのタイプの人もイメージがハッキリとわいていました。

視覚タイプの人は、昇る龍のイメージ。

聴覚タイプの人は、ビューン、グーンと音が出て、気持ちが上に上がっている様子がリアルに感じられたそうです。

体感覚タイプの人は、気球に乗って上に上がっていく雰囲気や浮遊感を感じる人もいました。


どんな脳タイプの人にも同じ比喩で伝わりますが、さらに相手の脳タイプがわかっているならば、そこを意識するとより比喩の効果が高まります。

比喩は名言にもよく使われています。表にあるように、有名な言葉にはよく比喩が使われています。こういったさまざまな比喩を知ると、どうやって使えばいいかの解像度が上がってくると思いますので、ぜひこの表から比喩の使い方をインプットしてもらえたらと思います。

相手の心をつかむ比喩リスト	
「人生とは自転車のようなもの。倒れないようにするためには、走らなければいけない」	アインシュタイン
「下を向いていたら、虹を見つけることはできない」	チャールズ・チャップリン
「他人の声という雑音に自分の内なる声をかき消させない」	スティーブ・ジョブズ
「美しさは女性の『武器』であり、装いは『知恵』であり、謙虚さは『エレガント』である」	ココ・シャネル
「凧が一番高く上がるのは、風に向かっているときである。風にながされているときではない」	ウィンストン・チャーチル
「明日死ぬかのように生きよ、永遠に生きるかのように学べ」	マハトマ・ガンジー
「物語はここから始まるのだ」	手塚治虫
「人には燃えることが重要だ。燃えるためには薪が必要である。薪は悩みである。悩みが人を成長させる」	松下幸之助
「慢心は、人間にとっての最大の敵」	シェイクスピア
「傷あとを隠しちゃいけない。その傷が君を君らしくしているんだ」	フランク・シナトラ
「人生は大胆な冒険か、何もせずにいるのかのどちらかだ」	ヘレン・ケラー
「会社をつくるのはケーキを焼くようなもの すべての材料を正しい割合で入れなければならない」	イーロン・マスク
「想像力を持てないヤツに、翼は持てない」	モハメド・アリ
「愛とは、すべての試合をまるで最後の試合のようにプレイすること」	マイケル・ジョーダン
「臆病者の目には、敵はつねに大軍に見える」	織田信長
「人格は木のようなものであり、評判はその影のようなものである。影とは、我々が人の性格をどう思うかということであり、木こそが本物である」	リンカーン
「子どもはだれでも芸術家だ。問題は、大人になっても芸術家でいられるかどうかだ」	パブロ・ピカソ

比喩を使うことをすすめたところ、こんな質問を受けたことがあります。

「比喩は直接的な表現ではないので、相手がすぐにわからない可能性もあるのではないでしょうか。それに、どう受け取るかも相手次第なので、こちらが伝えたいことが伝わらないリスクもあるように思うのです。**比喩よりも直接的な表現をしたほうがよいのではないでしょうか？**」

確かに、わかりやすさだけでいえば、直接的な表現のほうがいいように思えます。

1回のコミュニケーションで伝えないといけないときは、比喩を使ったうえで、直接的な表現も組み合わせて伝えたほうがいい場合もあります。

でも、相手にちゃんと理解してもらおう、解像度を高めてもらおうと思うなら、**「1度で伝えようとしない」**ことも必要です。

コミュニケーションで、いきなりノックアウトを狙う人がいます。1発で届けよう、1度だけで言うことを聞かせてやろうみたいな感じです。

でも、ボクシングでこまめなジャブが実は効果があるように、コミュニケーションにおいてもジャブは大切です。**比喩は、コミュニケーションにおけるジャブにもなります。**

何度も比喩を使うことで、気づけば相手の中にしっかりと伝わっている状態をつくることができるのです。

たとえば、営業をするときを考えてみてください。

焦って、1回目の営業機会から直接的な売り込みをするとどうなるでしょうか。確かに何を売りたいかはハッキリしますが、だからといって相手がその商品やサービスを買いたいかといわれると、買いたくはないかもしれません。

でも営業の機会が増え、その都度いろいろな表現で伝えられたら……気づけばその商品やサービスの解像度が上がり、購入したくなっているかもしれません。

「選択肢」で一方的な伝え方を是正する

コミュニケーションでよく起きることのひとつに「ちゃんと言ったのに、伝わっていない」問題があります。伝える側は「ちゃんと伝えたのに伝わっていない」。伝えられた側は「そんなこと言われていない、そういう意味ではとっていない」。そんな認知のズレはしょっちゅう起きています。

それが起きる原因のひとつに「一方的な伝え方」があります。

でも、伝えるほうはそのことを認識していません。
そういう人に、「一方的なコミュニケーションをとっているのではないですか？」と問いかけをすると、たいていの人はこんな反応をします。

「一方的ということはありません。もちろん自分が伝えたいことを相手に話していますが、それだけでなく、相手の声にも耳を傾けています」

でも、なんです。

本人が認識している「相手の声にも耳を傾けている」は、相手からすると「一方的に話をされていて、自分の考えを聞いてもらえていない」という認識をされることがよくあります。

なぜ、こんなコミュニケーションのギャップが生じるのでしょうか？

ひとつ、大きなポイントがあります。

それは **「選択肢」** です。

ただ「これをやってください」と言ってしまうと、選択肢はひとつしかありません。

でも、いくつかの選択肢があって「どれがいいと思いますか？」と言われたらどうでしょうか。

相手は、どれかを選びます。そのときに選ぶものは、相手がイメージできたものです。

この「イメージできたもの」がとても重要です。

なぜなら、この本でしつこいほど出てきているこれです。

人はハッキリとイメージできないことを実行することはできないからです。

あたりまえといえばあたりまえのことなんですが、相手が何かを伝えてきたときに、そのことをイメージできるときと、できないときがあります。

もしイメージできなければ、実行できません。なので、**実行に移してほしければ相手がハッキリとイメージできるように伝えることは、マストです。**

でも、どれがイメージできて、どれがイメージできていないかを判断するのも難しいですよね。そこで活用できるのが「選択肢」です。

選択肢を提供することで、相手はそのなかからイメージできるものを選ぼうとします。

また、「自分で選んだ」ということも大切です。

人は比較の生き物です。どれが一番いいか比較をします。そして比較のなかから

自分で選択すると満足度が上がります。

たとえば仕事で上司が「これをやってください」と言うと、部下の頭の中ではどんなことが起きているでしょうか？

実は頭の中では選択肢を自分でつくっています。どんな選択肢かというと「やる」という選択肢と、「やらない」という選択肢です。

そこで比較をして、「こっちが楽だな」とか「面倒くさいな」と考えます。

でも、ちゃんと選択肢を用意すれば、そのなかから選ぼうとするので、やらないという選択肢がなくなります。

そして、選択肢のなかから最適なものを自分で選ぶので、「自分ごと」としてとらえやすくなります。

デパ地下の伝え方がうまい店員さん

以前、こんな経験をしたことがあります。

デパートの地下の食料品売り場で買い物をしていたときのことです。

期間限定の催事売り場でスイーツが売られていました。その売り場の前を通り過ぎるときのことです。

「お客さんはこのなかでどのスイーツがお好きですか？」

と売り子の人に質問をされたのです。選択肢の提示です。

私はまったくスイーツを買う気はなかったのですが、その質問に脳が答えようとしてしまい、並んでいるスイーツのなかから自分が好きなのはどれかをつい探してしまいました。

完全に売り子の人の策にはまっているなと知りながら、**脳が勝手に選択をしようとしてしまった**ことに自分で気づき、やはり選択肢を示すことは有用なのだなと実感しました。

結局、チョコレートのスイーツを選んで、買って帰りましたが、まさに脳の特性を理解した売り方でした。

似たようなケースは洋服を買うときにもありました。

お店に入って洋服を見ていると、「このシャツはすごくいいですよ」と言ってくる店員さんがいます。

この店員さんは私のことを知らないのに、なんでこのシャツがいいとすすめられるのかとつい穿《うが》ってみてしまいます（着ている服などを見たうえで判断している部分もあると思いますが……）。

一方で、「どういうシチュエーションで着る服をお探しですか?」という質問から入ってくる店員さんには、脳がその質問に対する回答をしようとします。

「セミナーで大勢の人の前に出るときに着るシャツを探しています」

こんな感じで、つい答えてしまいます。

そうなると、その店員さんは選択肢を提供してきました。

「3枚のおすすめのシャツがあるのですが、このシャツはカジュアルとフォーマルの中間くらいのもので、アイロンをかけなくてもいい素材なので、手間もかかりません。出張などのときもしわになりにくいんですよ。もう1枚は~」

このように3枚のシャツのそれぞれのよさを話しつつ、「どれがお好きですか?」と質問をしてきました。

こうなると、そのなかから1枚を選んでしまいます。

売り込まれたという感じではなく、自分で選んだという満足感も残りました。

ちょっとした違いですが、これだけで売れるかどうかは大きく変わりますよね。

第７章

脳科学が導き出した もっと伝わるコツ

お願い事をうまく伝えたければ「アイメッセージ」を

この章ではさらに、コミュニケーションがうまくいくためのコツを紹介します。脳の特性から導き出した方法としてどれもコミュニケーションに活用できるものなので、ぜひ覚えてもらえたらと思います。

最初に紹介するのがコミュニケーション科学の分野では有名な**「アイメッセージ」**です。

「アイメッセージ」のアイは英語の「I」。これは「私」を主語にした表現のことをいいます。

「私は〜な気持ちを感じている」とか「私は〜だと思う」というような表現が「アイメッセージ」です。

一方で、**「ユーメッセージ」**というものもあります。これは英語の「You」に起因しています。

「あなたは〜だ」「あなたに〜をしてほしい」といった表現が「ユーメッセージ」です。

「アイメッセージ」のいいところは、良好な人間関係を保ちながら、自分のお願いや考えを伝えることができるところです。

一方でユーメッセージは、相手を非難したり、命令したりするニュアンスが強くなるリスクがある表現です。

たとえば、チームメンバーが仕事のミスをしたとき。

アイメッセージであれば、自分側の視点での話になります。

「ミスをしたときは自分で抱えずに、すぐに報告をしてくれたほうが、私は助かります」

一方で、ユーメッセージは、相手側に向けた話になります。

「あなたがミスをしてしまったのはなんで？」「なぜあなたはミスをしたときの報告が遅いのですか？」といった具合に、相手を非難しているように聞こえてしまいます。

夫婦間での会話の場合、

「なんであなたは、いつも洗濯物をたたむの手伝ってくれないの」とユーメッセージを言うよりも、「洗濯物をたたんでくれなくて、私はいつも悲しい思いをしてる」とアイメッセージを伝える。

ユーメッセージでは非難されていると感じることが、アイメッセージにすると、相手の印象が変わります。

「自分も申し訳なかったな」「やってあげようかな」となる可能性があります。

なぜこのくらいのことで差が出るのか？
それは、ユーメッセージは「意見」、
アイメッセージは「事実」だからです。

239ページでも紹介した通り、事実は相手に伝わりやすいのですが、意見は相手の反感を買ったり、その意見に従いたくないという感情が生まれがちです。

何かメッセージを伝えるときに、アイメッセージで伝える。この方法を私はおすすめします。

相手に不満を抱かせない頼み方

ただ、いつもアイメッセージのほうが伝わりやすく、ユーメッセージが伝わりにくいというわけではありません。ユーメッセージも、「事実」を伝える使い方をすれば、伝わる強度は高まります。

「この仕事を急ぎでやっておいてください」

上司が部下にこう言ったら、部下は「いつも自分の都合で仕事を振ってくる」と上司に不満を抱くかもしれません。

こういうときにユーメッセージを事実として使ってみてください。こんな感じに。

「(私が)**この仕事を**(あなたに)**頼むと、あなたは『無茶ぶり』と思うかもしれません。**

でも、限られた時間の中で仕事をこなせる人は、あなたしかいないんで

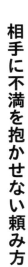

す。私もできれば急ぎで頼みたくないのですが、どうしてもクライアントからの要望があって……。この仕事がうまくいったら、あなたにとっても大きな成長になるし、お願いしたいんです。」

どうでしょうか。

ちょっと大げさな感じがするかもしれないですが、このくらいちゃんと伝えれば、相手もわかってくれるのではないでしょうか。

ちなみに、この話は5つの「事実」で構成されています。

「①（私が）この仕事を（あなたに）と頼むと、あなたは『無茶ぶり』と思うかもしれません。でも、②限られた時間の中で仕事をこなせる人は、あなたしかいないんです。私も③できれば急ぎで頼みたくないのですが、どうしても④クライアントからの要望があって……。この仕事がうまくいったら、⑤あなたにとっても大きな成長になるし、お願いしたいんです」

ユーメッセージも、アイメッセージも、事実をベースに伝えています。

繰り返しになりますが、脳は事実を伝えられると「そうだな」と思い込みやすいのです。

さらにひとつの事実ではなく、事実が積み重なるとより納得感が高まります。

「事実×事実×事実」とくると、理解を示しやすくなるのです。

そして、その後に入ってくる情報も「そうだな」と納得しやすくなります。

伝え方がうまい人はこの「事実」の積み重ねをよく活用しています。
これをやるとこういう事実が起きる。これをやったらこういうよい事実が起きる、

だから私はこういうことが大事だと思う、という流れで話をつくっていくのです。

事実、事実、事実ときて、最後に自分の意見を言うのです。

自分の感情を共有すれば相手に攻撃的に伝わらない

ここでひとつ疑問を持つ人もいるかもしれません。

それは**「感情は意見なのか、事実なのか」**ということです。

感情は、その人が感じたこと、思ったことなので、意見だろうかと思うかもしれません。でも、感情を脳は事実と見なします。

感情「こう感じた」
意見「こうしてほしい」

表現としてはちょっとした違いですよね。

意見のほうも、さらに分解すれば「こう感じた。だからこうしてほしい」ということです。

でも、脳はまったく違う受け止め方をしています。

感情と意見の最大の差は、意見には「攻撃性」があるということです。

話している本人がそう思っていなくても、受け手側が「攻撃をされている」と感じる可能性があるのです。

一方で、感情は伝える側が「実際にそう思っている」という事実なので、受け手は攻撃性を感じません。

伝えるほうにはまったく相手を攻めている意識がないのに、意見を伝えたときに、相手から「なんでそんなに攻めるのか」という反応をされた人もいるのではないでしょうか。

会社でマネジメントの仕事をしている人から、「自分は部下に普通に話しているだけなのに、部下からは攻撃的な上司とみられているみたいです」という悩みを聞いたことがあります。

うまく伝えるためには、意見と事実、アイメッセージとユーメッセージをうまく使い分けてください。

「感謝」をちゃんと伝えるだけで、伝わる強度はアップする

「あなたは私がお願いしたことを忘れることもあるけど、いつも私の意見に耳を傾けてくれて感謝している。少しでも改善しようとしてくれてありがとう」

伝える際に、相手に「感謝の気持ち」を一緒に届けると、伝わり方が大きく変わります。

「感謝の気持ちを伝える」ことはコミュニケーションをうまく生かせる大きなポイントですが、意外におろそかにされている行為でもあります。

「なんで感謝を伝えないのですか？」と聞くと、多くの人が同じ回答をしました。

「なんか、感謝を伝えると、相手に負けた気がする」「なんか悔しい」

この気持ち、わかります。そして、脳科学的にみても仕方がないのです。

相手を認めることが、実は脳は不得意だからです。

相手を認めるためには、共感力が大切です。

しかし、私たちはネガティブな気持ちでいるとき、共感力が下がることが2018年のジュネーブ大学の研究でわかりました。

脳は自分の状態が悪いと、「まずは自分を守ろう」とするモードになります。自分がダメージを受けていると、脳は相手に共感している場合ではない状態になってしまうため、共感力が下がってしまうのです。

つまり、**普段から人に対して不平不満や、イライラ、怒りを持っていると、共感力が持ちにくくなり、**脳が相手を認めようとしなくなってしまいます。

恋人や夫婦の間でたくさんのイライラや不満が募っていると、相手を受け入れることがなかなか難しいのは、脳の特性です。

共感力が下がれば、感謝を伝えることも難しくなります。


また、別の研究ではこんなこともわかっています。

自分がネガティブな状態だと、相手が（ネガティブな表情ではなく）ただ無表情だっただけでも、「相手はネガティブな表情をしている」と認知してしまうそうです。

相手は普段通りのはずなのに、見ているだけで腹がたってくることがあるのはこういう脳の特性が影響していたのです。


共感力は48歳がピークです。これはハーバード大学の研究でわかっています。そこからだんだん共感力は下がっていきます。

もともと人は、公平性を欠く出来事があると、相手を攻撃したくなる気持ちが生まれやすいそうです。

仕事で、自分はがんばっているのに、チームメンバーでがんばりが足りない人を見ると、その人のことを攻めたくなるのもその理由です。

夫婦の間で、**家事の分担や子育ての比率に公平性を欠いていると判断する**

と、相手への攻撃性が増すのには理由があったのです。

敵対している人が不幸になると脳の報酬系が活性化して喜びを感じるのです。攻撃性が強い人は、こういう傾向が強い人です。

でも一方で攻撃性が強くならない人もいます。

それは、出来事や人に対して「視点を多く持っている人」でした。

視点が多い人ほど、しかめっ面が減り、笑顔が増えるなどポジティブな感情を持つことが多く、相手からもストレスを受けづらくなることがわかっています。

つまり視点を多く持っている人は共感力が高いということです。

共感力を持つためのポイントは、この2つです。

(1) 視点を増やす

(2) 自分の心拍数を正確に当てられるようにする

心拍数で共感力が測れるのはおもしろいですよね。

自分の心拍数を脈に触れないでも正確に当てられる人は、共感力が高いという調査結果があります。

最近は血圧計やスマートウォッチでも心拍数を測れますので、もしお持ちの方はぜひ試してみてください。逆に自分が思っていた心拍数と実際の心拍数が異なる人は、共感力が低かったそうです。

つまり、**自分の感覚を正確に把握できていない人は、相手の感覚も理解できないということです。**

自分の感覚に敏感になることが、共感力を高めるコツです。

疲れた、悲しい気持ち、焦っている気持ち、嫉妬している気持ち、不安、怖い、イライラ、楽しい、ワクワク、安心、圧迫感など、自分の現在の状態を認知するトレーニングをしていくと、自分の感覚に敏感になり、人の立場や気持ちも理解しやすくなるでしょう。

話すスピードで伝わり方が大きく変わる

いきなり結論ですが、**話すスピードを合わせると、同じことを話していたとしても、相手に伝わりやすくなります。**

たとえば、**相手の顔が見えないコールセンターでは、「話すスピード」を活用しているそうです。**

コールセンターには苦情の電話もよくかかってきますが、この**苦情電話に対応するときに、話すスピードを合わせることはとても効果的です。**

相手がすごい勢いで怒っているときに、コールセンターの窓口対応の人がゆっくりとした口調で「たいへん、もうしわけ、ございません」と応えたら、相手はさらに怒る可能性があります。これは想像してもらえたらわかるんじゃないでしょうか。

話すスピードが違うと、相手はこちらを「敵」とみなす傾向があるのです。

なので、コールセンターでは相手のスピードに合わせて話すのが多いようです。

（早口で）「大変申し訳ございません。私たちの不手際でこういったところがあり、

本当に申し訳ありませんでした」


とにかく最初は相手に合わせて早く話します。そこで相手にとってこちらは敵ではなく味方だと思ってもらいます。

次に話すスピードをだんだん遅くしていきます。そうすると、相手が今度はこちらの話すペースに合わせてくれるようになってきます。相手との間に信頼感が生まれるからです（これを同調といいます）。

そして、落ち着いたトーンで会話ができるようになっていきます。


この話すスピードはさまざまなことに活用できます。

以前、高い売り上げを上げている営業職と、売り上げがなかなか上がらない営業職の人を調べたことがあります。そのときに興味ぶかいことがわかりました。

それは、**売り上げが高い営業職の人は、相手に合わせて話**

すスピードを変えていたのです。

実際に営業をしている最中の音声を録音させてもらい、どう違いがあるかを分析しました。すると、売り上げが上がらない人は自分のペースで話している人が多いということがわかりました。

一方で、売り上げが高い人は、人によって毎回話すスピードを変えている人が多かったのです。

そこで、成績が悪い営業職の人にも「相手のペースに合わせて話をするように心がけてください」とお願いして実践してもらったところ、驚くことに**たったそれだけで10～20％も営業成績が上がりました。**

話すペースをただ合わせただけで、です。

これならば、すぐにでも真似できますよね。

コミュニケーションでは、言葉（言語）以外の部分、いわゆる非言語の影響が大きく左右します。

上司と部下のコミュニケーションがうまくいってないと感じるならば、上司は部下の話すスピードに合わせて話をしてみてください。

夫婦関係や親子関係がうまくいってないと感じたならば、相手の話すペースを意識して、会話をしてみてください。

ここで少し話が脱線しますが、ちょっとした伝え方、話し方のコツで**営業成績が上がる方法**がほかにもあります。すべてエビデンスがある方法です。それをここで紹介します。

方法1　名前を呼ぶ

私も車や保険、金融商品などいろいろなトップ営業マンと会いましたが、商談で共通していたのが、相手の名前を呼ぶということでした。

「立ってください」といきなり言われると、エッ！　と思うかもしれませんが、「西さん、立ってください」と言われると、立ってもいいかなと感じないでしょうか。名前を入れるだけで、印象が変わります。

これを**「ネームコーリング効果」**と呼んでいます。クレアモント大学の研究でも、初対面の男女を集めて15分間話してもらう実験をしたのですが、そのとき男性に協力してもらい、2つのパターンを試してみました。

① 女性の名前を呼ばないで会話する
② 女性の名前を呼んで会話する

すると、②の女性のほうが2倍以上も男性に対して「親しみやすい」「社交的」「もう一度会ってみたい」という印象を持ったのです。

私たちの脳は、名前を呼ばれると、自分のことを意識してくれている、大切に思われていると感じるため、相手に対して信頼感を感じます。

夫婦関係でも、長年連れ添っていくと、最初は奥さんを名前で呼んでいたのが、

「おい」「お前」、もしくはそれすら呼ばなくなってしまうことがありますが、これは夫婦の信頼関係も損ねる恐ろしい行為だといえるでしょう。

信頼感は、製品のよさよりも商品の購入決定に2倍も影響するといわれています。

営業職の人にとっては相手の名前を呼ぶことは必須のスキルだと思います。

方法2　複雑でなくシンプルに伝える

営業成績がよい人の特徴として、「わかりやすい言葉を使う」という共通点があります。

プリンストン大学の研究では、「長文で難しい表現」と「短くてやさしい表現」を使った場合に、文章の印象がどのように変わるかを調べました。

その結果、同じ内容でも、言葉がやさしくてシンプルなほうが、知的だと思われ評価が高くなりました。

私たちの脳には「利用可能性ヒューリスティック」という簡単なものを好むバイアスや、処理のしやすさを好む「流暢性の処理（認知容易性〈Processing fluency〉）」

というバイアスがあります。

これらのバイアスは、**理解しやすいほうを正しいとする脳のクセ**です。

難しい表現のほうが知的なイメージがありますが、そんなことはないのです。

たとえば、難しい表現で「私たちの体内に含まれるドコサヘキサエン酸の化学構造が、私たちの細胞膜の柔軟性のダイナミクスを可能にして、脳の高度認知機能が上がるのです」と伝えられるとどうでしょうか？

何を言っているかよくわかりませんよね。それよりも簡単な表現で「魚の油に含まれるDHAが、私たちの脳に作用して集中力や記憶力などを高めるのです」と伝えたほうが、よりスマートに感じるし、好感度も高く、伝わりやすくなります。

また脳のバイアスのひとつに**「韻《いん》踏み効果」**というものがあり、**韻を踏んだり、似たような表現を繰り返したりすると説得力が増す効果があります。**

言葉にはリズム感が大切といいますが、それは脳の特性だったのです。
CMやキャッチコピーでは下記のようによく使われている言葉です。

はやい、うまい、やすい
インテル、入ってる
やめられない、とまらない
セブンイレブン、いい気分

心に残る広告コピーも脳の特性を生かしているのです。

方法3　マイナス面を伝えてから、プラス面を伝える

営業のシーンで、お客さんにいいところだけを見せようとすることは逆効果です。
ドイツの研究で、下記の3つのお店の広告を見せて、どのお店がよいか評価をしてもらいました。

① このお店はくつろげるお店です。
② このお店はくつろげますが、駐車場がありません。
③ このお店は狭いですが、リラックスしてくつろげるお店です。

その結果、**最も評価が高かったのは、③の短所を伝えて、長所を最後に伝えるグループ**でした。

最初にデメリットを話すと正直な人と思われるためか、信頼感が上がります。そして、その後にメリットを伝えると、デメリットと比較されることで、よりメリットを受け入れやすくなるのです。

いいことばかり話す人はむしろ怪しまれがちです。両面を話すと「正直な人」と認知されて、「その人から買おう」という購買欲も上がることがわかっています。

なかなか伝わらない相手には、何回繰り返し伝えればいいのか？

「何度言ったらわかるんだ！」
「こないだも言ったじゃない！」

こういう会話、言ったことがある人も、言われたことがある人も多いのではないでしょうか？　私もこれまで何度も言ってきたし、言われてきました。

ここで考えたいのは、いったい**何回までなら繰り返し言ったほうがいいのか**、もしくは何回以上だと繰り返し言っても、もう意味がないのか、そのあたりを検証したいと思います。

もちろん、人それぞれなので、ここで検証することは絶対的なことではありません。研究結果から導き出した、一般的な見解です。

脳の性質から見ると、**脳は2回が最もインパクトに残り、徐々に効果が薄れて、5回以上は認知できない**といわれています。「何度言ったらいいのか問題」でいうと、5回以上言うことは4回言ったのと同じことになります。

つまり、**4回言ってもわからなかったら、もうその伝え方では相手には伝わらない**ということなのです。

相手にとっても、5回・6回と同じことを言われたら「もういいよ！」となってしまいかねませんよね。2回伝えてもやってくれない場合は、まず、やらないことは問題ないと伝えたうえで、「何がやらないことを引き起こしているのか？」を対話を通して探っていくのが大切です。

同じように、人の認知は5つ以上で難しくなるので、**何かを一度に伝えるときは4つまでにしたほうがいい**でしょう。

たとえば、映画に一緒に行こうと誘う場合。相手があまり乗り気じゃなければ、誘い言葉として、相手がこの映画に行くメリットを伝えます。

「起業したいと言っていたけど、この映画を観ると、すごい参考になるよ」

「やる気が出てくる映画なんだ」とか。

メリットは人に快感を与えるので、相手に届くよう解像度を高め誘っていきます。


ただ、気をつけたいのは、メリットも4つまではいいのですが、5つ以上のメリットを伝えても、認知は難しくなります（人によってもちろん差はあります）。でもひとつしかメリットを言わないよりは2つ、3つ、4つと重ねたほうが、より相手は快感を得やすくなります。**4つがポイントです！**


たとえば**パワーポイントでプレゼン用の資料をつくる際は、同じページに10のポイントなど書いても、資料を読むほうは認知していない**可能性大です。

もし多くのことを伝えたければ、4つ以内にカテゴライズして、分けて見せていくほうが伝わりやすくなります。

もしくは「10個のなかでも特に大切な4つ」というように優先順位を付けたほうがいいかと思います。

「声質」も伝わり方に影響する

どんな話をするかも大切ですが、**どんな声で話すかも大切**です。

話し方がなかなか上達しない人は、どんな話をするかに意識が行きすぎているのかもしれません。

声質が大切という話をすると「ハッキリと大きな声で、力強く話すのがいいんですよね？」と聞かれることがあります。

確かにそう話したほうがいいケースもあります。ただ、「ハッキリ、大きな声で、力強く」がいつも正解というわけではありません。

声に関しては実はもっと大切なことがあります。

それは、**「低い声で話すほうが相手に伝わりやすい」**ということです。

世界的なリーダーを研究したデータがあります。

デューク大学で792人のCEOを対象に調査しました。すると、ある特徴がわかったんです。

それは**世界的なリーダーは「声の高い人」よりも「低い人」が圧倒的に多かった**ということです。

そしてもうひとつ、特徴がありました。

それは**「声に抑揚があり、声のスピードに緩急のある人が多い」**ということです。声に高低差やスピード差があるということです。

たとえば、リーダーが高い声でこんなことを言ったらどうでしょうか？　想像してみてください。

(かん高い声で)

「みなさん、これからも会社を盛り上げていきましょう！」

一方で同じ言葉を低い声で言ったときもイメージしてください。

(低い声で)

「みなさん、これからも会社を盛り上げていきましょう!」

高い声は実は脳の中で「危険と感知」されるんです。

サイレンの音って高音ですよね。ピーッと音が鳴ると脳は危険を感知します。

赤ちゃんの泣き声も高いですよね。「ギャー」と高い音で泣くのは何か問題が生じていることを伝えるためです。

高い声は「危険と感知」する!

サイレン

赤ちゃんの声

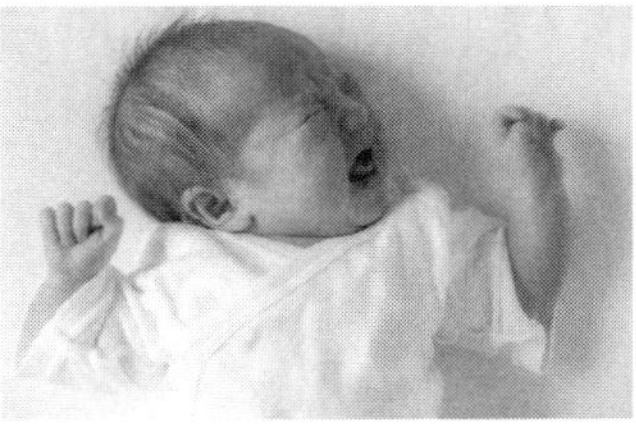

高い声を聞くと、人は注意を向けますが、そこには緊張が伴います。

一方で低い声には安心感があります。

なぜ低い声に安心感があるかというと、声の低さは体の大きさにも影響しているからといわれています。

体が大きい人ほど声が低くなる傾向にあります。体が大きいことは、外から敵が襲ってきても助かる可能性が増えるため、人の安心感につながるのです。

体が大きい人の多くが、声帯が太く声が低くなる傾向があるそうです。


こういってしまうと「生まれつき声の高い自分はどうしたらいいんだ?」と思う人もいると思います。

確かに声は生まれつきのものもあるので、変えるのは難しいですよね。

そんな人でも、伝わる声の使い方があります。そのコツを知るには、ソフトバンクの孫正義さんの話し方が参考になります。

講演で聞く孫さんの声は、低い声という印象はないと思います。どちらかというと高い声の部類ではないでしょうか。

孫さんの講演を聞いているとおもしろいことに気づきます。**強く何かを伝えたいときは高い声で話しているのですが、そのあとに少し間《ま》をあけて聞いている人に質問を投げかけるときは低い声で話をしているんです。**

「みなさん、これから何が大事だと思いますか？」といった問いかけをするときの声を使い分けている。

意識的にされているのか、無意識なのかはわかりませんが、その問いかけの瞬間に、聞いている人はグッと引き込まれていきます。

また、**問いかけの前に間をあけることは聞く側の解像度を上げる効果があります。**

間があると、聞いているほうは「次に何を言うんだろう？」と脳の中で「？」が生まれます。そして「？」と同時に脳は次に言いそうなことを勝手に予想します。ほんの少しの間なのですが、聞く人の脳はこんな動きをしているのです。

その間のあとに話されたことを聞きながら、脳は「自分が予想したこととの乖離《かいり》を一致させよう」とします。つまり理解しようと脳が努めるのです。

まくしたてて、間をとらずに話し続けると、聞くほうは右から左に話の内容が抜けていきます。

たとえば、いろいろ話したあとにその勢いで「だから笑顔が大事なんです」と言われてもイマイチ響いてきませんよね。そんなときはこんな感じで伝えたほうが聞く側には響きます。

「人生で非常に大事なことがあります。それは……（間）笑顔です」

どうでしょうか。同じことを言っているのですが、聞くほうへの伝わり方は大きく変わります。

ちなみにカリスマはこういう技法をよく使います。間の使い手なんです。

声がもし高かったとしても、**高い声と低い声の使い分けと間を活用すれば**、伝わる強度を上げることができるのです。

脳の特性から考えた うまい「謝罪の方法」

仕事をしているとどうしても避けられないのが、謝罪をする機会です。

リーダーになれば、自分が直接やった失敗じゃなくても、謝らないといけない機会も出てきます。

そんな誰の身にも起きうる謝罪ですが、意外に**「正しい謝罪の方法」を習っていない人も多いんじゃないでしょうか。**

ここでは脳科学的に正しい謝罪の方法を伝授します。

謝罪の方法を紹介するうえで、大切なことがあります。

それは**「怒りは2つの成分で成り立っている」**と知ることです。

「攻撃性」と

「不快感」です。

2つの怒りの要素

攻撃性と不快感

動物にも怒りがあります。縄張りに侵入されたときに、それを防御しようとして「怒り」が発生します。

人間も同じです。自分が大切にしているテリトリー、ルール、価値観が侵害されると怒りが起きます。

この怒りには、「攻撃」をしたいという衝動（攻撃性）と、相手に対する「不快感」があります。

普通に謝罪をした場合、この2つの怒りが両方ともなくなるわけではありません。**謝ったときには、怒りの「攻撃性」は消えやすいのですが、「不快感」はなかなか消えないのです。**

わかりやすい例でいえば、パートナーが浮気をしたとき。浮気がバレて、相手から「ごめんなさい」と謝罪を受けたとします。これ以降、怒りの攻撃性は徐々に収まっていくのではないでしょうか。でも、不快感はなかなか消えないのではないでしょうか。

仕事で何かトラブルがあり、トラブルを起こした先から謝罪を受けたとします。謝られることで、沸々とした怒りは静まっていくのだけれど、その後もなんだか相手に対してモヤモヤしたものが消えない。それは信頼感がなくなったこともあると思いますが、それだけではなく、何か不快感が残ったままになります。

そこで、**単に謝るだけでなく、不快感も一緒に消し去るためのより相手に届きやすい謝罪の方法を紹介したいと思います。謝罪には技術があります。**

謝罪の技術1

一人より複数で謝るほうがいい

その理由は、他人が援助をしている姿を見ると、自分も援助や寛大さを持ちやすくなるからです。

失敗した人が一人で謝るよりも、失敗した人を支援しているもう一人がいると、この人は失敗した人を支援しているように見えるため、ミラーニューロンで謝罪を受けるほうも応援してあげようという気持ちになりやすくなるといわれています。

こんな実験があります。ロボットが注文した料理を運んできます。ロボットがわざとお客さんの前で料理を落としてしまいます。落としたあとに、ロボットが1台だけで謝る場合と、別のロボットもやってきて2台で謝った場合、2台で謝ったほうが謝罪を受け入れられやすいことが実験でわかりました。

ロボット2台に謝られたら、確かに謝罪を受け入れてしまいそうですね。

もうひとつの理由は、謝罪のコストです。

コストがかかっているように見えると、謝罪する側が苦労していると認知してくれます。その認知が快感を生み、相手を誠実さがあると判断するのです。

私たちは誠意を知覚すると、脳の意図処理ネットワークが活発化するので、謝罪を受け入れやすくなることもわかっています。

ちなみに、複数で謝る場合は何人がベストなのでしょうか。

実は、何人までという研究はなく、一人よりも二人という論文しかありません。

一人で謝罪のときは、約40％しか受け入れられませんが、**二人で謝罪すると約80％も受け入れられる**ことから、これ以上増えても、受け入れられる伸び率は20％しかありません。

もちろんシチュエーションや謝罪の内容によっても変わるかもしれませんが、一人よりも二人で謝るだけで十分な効果があります。

謝罪の技術2

謝るだけではなく、そのあとに改善する行動をする

謝って、そのあと改善する行動をしたときに謝罪が許される傾向にあります。

ただ謝るだけではなく、そのあとに謝罪の内容を行動で示すことが、効果的な謝罪方法です。

そのあとの行動が見えることが、不快感を薄める効果があります。

また、ほかの調査が導き出した**「完璧な謝罪法」**というものもあります。

2016年に行われた調査で、謝罪で大切な6つの要素と、その優先順位が公表されました。この方法であれば、攻撃性と不快感の両方をなくすことが期待できます。

【完璧な謝罪法6つの要素】

1位　責任を認める（「すべて私の責任です」のように自分の責任を認める）
2位　改善策の提示（「●●を今後は行いたいと思います」など改善策を提示する）
3位　後悔の念を表す（「本当に悪かった」「こんなことをして後悔している」）
3位　原因を説明する（「自分の行動に原因があった」「油断や慢心をしていた」）
3位　反省の弁を述べる（「もう二度とこんなことはしない」「猛省している」）
6位　許しを請う（「どうか許してほしい」）

この6要素が必要で、その重要度はランキング通りです。

この6つがすべて揃っていれば完璧な謝罪になります。許してもらえる可能性が高まります。

もし謝らないといけないときは、この要素と優先順位を思い出し、ぜひ活用してみてください。

許してもらえる可能性が高まる謝罪文

後悔の念
責任を認める
原因の説明
改善策の提示
反省の弁
許しを請う

「今回、〇〇様に不快な思いをさせてしまい、**大変申し訳なく思っております。****今回のミスの原因は●●にあります**ので、このたびの**責任はすべて私にある**と思っています。**今後、▲▲という改善策を講じて、**二度とミスを起こさないように細心の注意をはらっていきたいと思います。**心より猛省をし、二度とこういうことのないよう**にいたします。**お許しいただけると大変ありがたいです**」

ちなみに、部下のミスを謝罪する上司の場合、「すべては私の責任です」という言葉は言いにくいかと思います。実際にミスをしたのは部下なので、上司は立場で謝罪をしているケースもありますよね。

そういうシーンでも、やはり「すべては私の責任です」と伝えたほうがいいと思います。

理由は**相手が謝罪に何を求めていることが多いか**考える必要があるからです。

謝ってもらうことが最優先なのではなく、**自分のために（自社のために）改善をしてほしい、もっと自分たちのために時間を投資してほしい、**そういう心の声があるのです。

つまり、改善することや、今後もっと時間を投資してほしいということに関しては、ミスをした張本人だけでなく上司も含まれます。なので、相手は上司に責任があると思っている可能性が高いのです。

そういう相手の心理を知らずに、部下のせいにするような謝罪をしてしまうと、相手の心証をさらに悪くする可能性があります。

第８章

コミュニケーションがうまくいくチームのつくり方

脳科学の視点から見た「いいチームのつくり方」

離職率が高い会社の経営者から相談を受けたことがあります。

「うちの会社は離職率が高く、採用してもすぐ辞めてしまう人が多いので困っています。社員のやる気を引き出せるように、いろいろ考えているのですが、なかなか歯止めがかかりません。どんなことをしていったら離職を止められるでしょうか？ **脳科学でこの問題を解決できないでしょうか**」

なかなかの課題です。

なぜ離職率が高いのか、その理由を詳細にリサーチしないと問題の根っこがわからないからです。ただ、一般論としてアドバイスできることもあります。

それが、**従業員エンゲージメントを高めるための脳科学的**

アプローチです。

従業員エンゲージメントとは、コミットメントや満足度、やる気とはまったく異なるもので、仕事や職場に対してどれだけ強い感情的な愛着を持ち、従業員がどれだけベストを尽くし、よい結果を目指すかを示す指標のことです。

エンゲージメントが高い従業員は会社のミッションやビジョン、目指すものへの共感度が高く、従業員自らが主体的に仕事や会社に貢献をしようとします。

結果、生産性が高まり、企業の業績向上にもつながっていきます。

要は、「従業員の会社に対する信頼度」みたいなものです。

従業員エンゲージメントが高い会社、チームはお互いの「信頼の文化」が浸透しています。この**信頼できている組織は生産性が50%高い**といわれています。

またほかにも、

意欲が76%高い

精力的に取り組む度合いは106%高い

欠勤日数は13%少ない

慢性的ストレスが74％少ない
生活への満足度が29％高い
勤続年数が長くなる傾向にある
など、いいことばかりです。

社員のエンゲージメントを知るためのわかりやすい質問があります。

それは**「友人にもこの会社をすすめたいですか？」**という質問です。

この質問に「YES」と答える人が多い会社はエンゲージメントが高い傾向にあります。


ではどうやって従業員エンゲージメントを高めたらいいのでしょうか。

マネジメントの世界では、エンゲージメントを高めるための方法がいろいろいわれていますが、私は脳科学の専門家なので「脳科学の視点から見たエンゲージメントを高める7大要素」を紹介します。

【脳科学の視点から見たエンゲージメントを高める7大要素】

(1)エンゲージメントの高い組織のメンバーはオキシトシンの分泌が多い
(2)リーダーが「人の気持ちを察すること」を大切にしている
(3)選択できる環境が用意されている
(4)目標の設定が達成可能である
(5)弱さを共有できる環境になっている
(6)情報の共有がしっかりと行われている
(7)チームメンバーの成功や個人の幸せに関心を示している

どうでしょうか？
オキシトシンとエンゲージメントが実は密接につながっているのです。
オキシトシンは愛情ホルモンや絆ホルモンとも呼ばれています。信頼感を深め人間関係を強める働きがあり、さらにストレスを減らしたり、他者への共感や協力も促したりします。幸福感を高めてくれます。

エンゲージメントの高い組織はオキシトシン型組織といえるのです。

「心理的安全性」がいい組織にはあるといわれていますが、オキシトシン型組織はまさに「心理的安全性」がある組織ともいえます。

エンゲージメントの高い組織をつくりたければ、チームメンバーのオキシトシンの分泌を増やす組織づくりをしていくことです。

ではどうやってオキシトシンの分泌を増やせばいいのか。その方法はいろいろありますが、**利他的行動をしているときにオキシトシンの分泌が増える**といわれています。つまり、チームメンバー同士が助け合うことをあたりまえにしていくといいということです。

またリラックスできる環境も大切です。オフィスの一角に瞑想できるスペースや体を動かし軽くエクササイズができるスペースを用意するなども手かもしれません。

（2）の「リーダーが『人の気持ちを察すること』を大切にしている」という項目もオキシトシンとつながります。

世界38カ国の管理職6000人を対象に「どんなリーダーが部下から求められるか」を調査しました。その結果、**部下がすばらしいリーダーとして認める条件の一番は「自分のことを理解してくれている人」**でした。それにより「信頼感」が生まれ、「絆」が結ばれるのです。

そしておもしろいことに「リーダーが自分のことを理解してくれている」と思っている部下ほど、仕事で結果を出していることもわかりました。

卓越したリーダーになるには、「部下理解」が必要なのです。

最近のリーダー論では部下の理解や絆づくりは不要という見解もあるようですが、この調査では「部下理解」が卓越したリーダーの必須条件ということがわかっています。

(3)の「選択できる環境が用意されている」もエンゲージメントと大きく関わる項目です。

選択ができる環境が用意されているメリットは、「自分ごと」になるからです。ここまで何度も書いてきましたが、人はとにかく命令をされたくない生き物です。同じことをするにしても、命令されたことか、自分で選んでやっているかによって、やる気はまったく変わってきます。そして、このやる気は成果に結びつきます。

実際にハーバード大学の研究で「当事者意識を持つと、モノや出来事に対するコミットメントが5倍になる」というデータが出ています。

自分ごととは「当事者意識」のことです。

エンゲージメントの高い組織は、メンバーの当事者意識が高いのも特徴です。そのために、選択できる環境が必要なのです。

ただ、この選択も、何でも自由に選択できないといけないという意味ではありません。自由な裁量権がありすぎると、そこの責任が伴うので、今度はプレッシャーになってしまいます。

いい塩梅《あんばい》の選択の自由が必要なのです。

（4）の「目標の設定が達成可能である」ことも重要な要素です。

目標があることは大事なのですが、この目標が途方もなく高いとダメなんです。目標が「達成可能」というのがポイントです。

先ほどの自分ごととつながるのですが、目標が高すぎるともう自分ごとにはならないのです。「自分もがんばればできそうだ」と思えることです。

高すぎる目標設定は、通常はモチベーションを下げるマイナス効果があります。といって低すぎる目標設定もＮＧです。たとえば、「もうこのままできそう」という程度の目標もマイナス効果です。

いい塩梅の目標設定は「いまの自分ではできないかもしれないけど、ちょっと助けを借りればギリギリできる範囲」です。

また、**（5）の「弱さを共有できる環境」**も、信頼感を生むために必要な要素です。

日本の組織は、弱みを出しにくい特徴があります。

でも、エンゲージメントが高い組織は弱みを共有できています。だから「助け合う文化」が生まれるんです。


おもしろい実験があります。

リーダーが部下に助けを求めるという実験です。

すると、助けを求められた部下は、そのあとにほかのチームメンバーを助けるようになったのです。

ちなみに、リーダーが助けを求めてきたらどうですか？「ちょっとこれ困っているんだけど」と言われたら。

うれしくないでしょうか？

そうなんです。リーダーが弱みを見せられれば、「自分も見せていいんだ」と思いますよね。

プラットフォール効果をご存じでしょうか？

完璧な人よりも、ちょっとヘマをする人のほうが魅力が

上がるという効果です。ただ、ヘマばっかりしていたら魅力は下がります。なので、ちゃんとしているけど、時として弱さを見せるっていうのがいいバランスです。

ただ、弱さと愚痴を混同しないでほしいと思います。

ただ、**弱さは改善するつもりがあること、愚痴は改善するつもりがないことです。**ここをはき違えないでほしいと思います。

「こんなところが弱いんだけど、どうやったら改善できるかな」

ちゃんと改善するつもりがあることが大切です。

(6)の「情報の共有がしっかりと行われていること」もエンゲージメントにつながります。

情報共有は実はオキシトシンとつながっています。

組織がどこを向いているか不明瞭だとオキシトシンの分泌が抑制されるといわれています。

コミュニケーションはできるだけ、まめに行いたいところです。

エンゲージメントを高めるための共有と考えると、やはりオンラインよりもリアルのほうが、共有が進みます。

日本の企業文化として、毎日朝礼をしている会社があります。あの朝礼を面倒と思っている従業員も多いと思いますが、**実は朝礼にも大きな意味があるのです。**情報の共有という意味では朝礼はいい文化です。

ただ、共有する内容が自慢話だったり、自分ごとにならないような歴史の話だったりすると、意味が薄れてしまいます。

共有すべきは、目標の確認と目標に向けた現在の課題や成果などの話です。そして情報共有の頻度も大切です。

（7）の「チームメンバーの成功や個人の幸せに関心を示している」という要素も、信頼度につながる重要な要素です。チーム内で競争が激しく、相手を蹴落とそうとしているような組織ではエンゲージメントは生まれません。

昔よくあった営業成績をグラフにして壁に張り出すような、ああいうあおりはエンゲージメントを下げる施策です。

人のやる気を導き出す方法はあるのか？

チームメンバーなど、仕事で人のやる気を引き出すことに難しさを感じている人も多いのではないでしょうか。

やる気が出ない最大の理由が、「自分ごと」ではないからです。

仕事でやる気が出ない人は、その仕事と自分との納得感のある関係性を見いだせていないからだと思います。

仕事の目標やビジョンが自分のやりたいこと、夢と直結していれば意欲は上がってくるはずです。

実は私自身もそうでした。

以前、特許庁に勤めていたのですが当時やる気がなかなか出なくなってしまったことがありました。

このままこの仕事を続けるのもつらいくらいの感覚で、どうしたらやる気が出るのか悩んでいました。

そのときに、**脳の研究をしていて思いついたのが「ある質問を自分にする」ことでした。**

その質問とは**「いまの特許庁の仕事は、将来の自分の仕事にどう役立つだろう」**というシンプルな問いかけでした。

この問いかけをすることで、**自分の将来と当時の仕事を結びつけることができたんです。**

いま私は文章を書く仕事も多いのですが、当時の仕事でも文章を書くことが多くありました。仕事で文章を書くことが、自分の将来につながることを考えるようになってから、仕事に対するやる気が変わってきました。

このように、目の前でやらないといけないことにやる気が出ないときは、自分の人生と結びつける質問を自分に投げかけることです。

ただ、やる気がそこで一度出てきても、それが持続しないこともあると思います。そんなときはどうしたらいいでしょうか。最近の研究でわかったことがあります。

脳は何か新しいことを始めたときに「新しい回路」をつくることもできるんですが、そうせずに「古い回路」をそのまま使い回していることがよくあります。そのほうが脳にとっては手間をかけないですむわけです。

野球経験者がゴルフを始めると、ゴルフのスイングがどうしても野球のバッティングのようなフォームになってしまうんだそうです。クセが出てしまうわけです。古い学習内容をベースにするので、時間とともに元に戻ってしまうのは、脳が効率よくしたいからなんですね。

ただ、新しく学習をして、新しい回路をつくることももちろんできます。その方法は**「小さな成功体験の積み重ね」**なんです。

大きい成功体験をしようと思ったら、大きな行動を続けないといけません。それは脳にとっては面倒だし、痛みになります。だからツライという感情がわき出てきます。

一方で、小さなチャレンジであれば、痛みも小さいので、チャレンジをすることが可能です。その結果、小さな結果でも成功したらどうでしょうか。そのときに「うれしい」という喜びが発生します。

うれしいから、また新しいチャレンジをしようとする。また成功する。

この繰り返しをしていくと、チャレンジそのものが痛みではなく、快感に変わっていくのです。

社風も結局、ミラーニューロンがつくる

会社の社風はいったい誰がつくっているのでしょうか？　社長？　社員？　歴史？　経営者が「こういう社風にしたい！」と思っても、それまで蓄積してきた社風が急に変わることはありません。

社風はどうやってつくられるのでしょうか？

それを考えるうえでヒントになる現象があります。

それは**留学をすると、人の性格が変わることがあるという現象**です。これは研究もされていて、実際にそういうことはよく起こることがわかっています。ちょっと突飛な感じがするかもしれませんが、どういうことか説明していきます。

留学をすると、留学先の国によって、人はさまざまな文化に触れます。その国で暮らすには、その国の文化や環境の力をうまく利用したほうが、暮らしやすくなりますよね。だから、その国の文化や環境に合わせるようになり、結果それが「性格が変わる」ということになるのです。

その国の言葉ができるだけでコミュニケーションがうまくいくわけではなく、文化や環境にもフィットすることで、コミュニケーションがとりやすくなるのです。

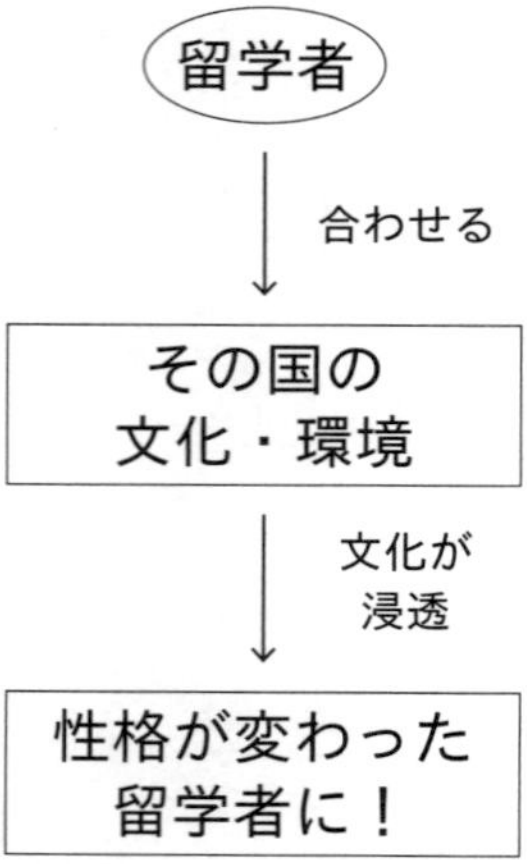

社風もこれに似ています。すでにできあがっている社風があるので、新しく入ってきた人は、その環境でうまくやっていくために、社風に合わせていきます。そうしていくうちにどんどん社風がその人に浸透していき、なじんでいく。

一方で、その社風が合わない人は、会社を辞める選択をする。

こうやって、社風はどんどん強固になっていくのです。

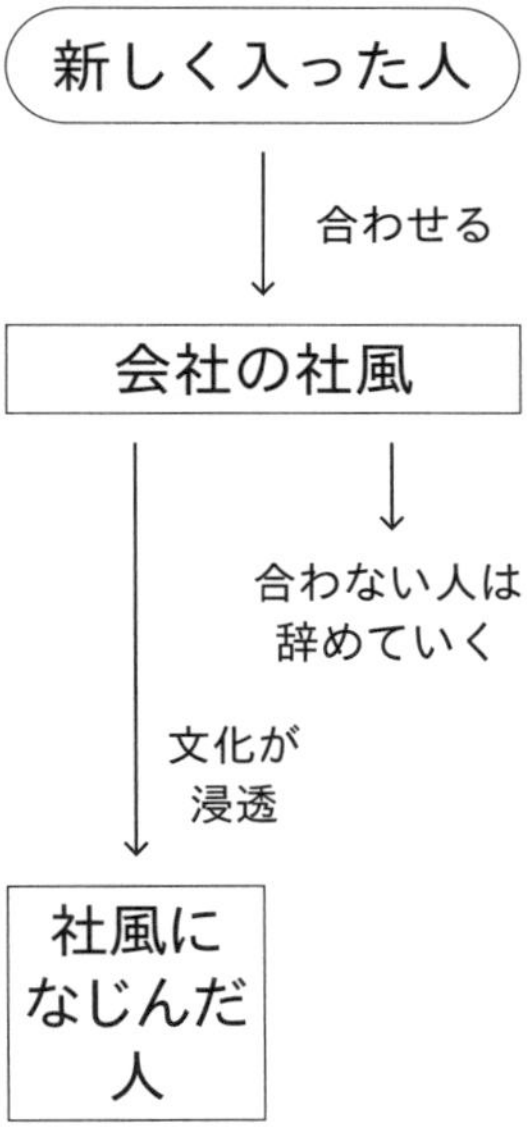

目の前のものを自分の脳に鏡のように再現する神経細胞ネットワーク（ミラーニューロン）が働くことをミラー理論だと解説しましたが（詳しくは50ページ参照）、この社風の話もまさにミラー理論ですよね！

では、もし、社風を変えたいと思ったときはどうしたらいいのでしょうか。方法はあります。

それは、**目指す社風の解像度を上げて、そのイメージが日常的に社員に伝わる工夫をすること**です。

言葉だけでなく、ビジュアルのイメージも含めて、社風の解像度を上げていくのです。

たとえば、自由で創造的な社風を目指す会社が、オフィスをまるで森の中にいるような雰囲気でつくっているケースがあります。また、コミュニケーションを活発にしたい会社は、人と人が話をできるマグネットスペースと呼ばれる場所を社内のあちこちにつくっていたりします。

これはまさに、社風を表現したものです。

こういった見えている景色を変え、それが蓄積していくことで、社員のなかに目指す社風の解像度が上がり、そうなってくると今度はそれに合わせた思考や行動が生まれてきます。

結果的に社風を変えることができるのです。

第9章

カリスマになる方法があった

カリスマになるためのメソッド

最終章では、最上級の「伝わる技術」を持っているといっても過言ではない、カリスマについて書きたいと思います。カリスマとは特別な人にしかなれないと思っている人は多いかもしれませんが、それは思い込みです。実は、ある方法を身につければ、誰でもカリスマになれる可能性があるのです。

カリスマの定義は、**ざっくりいえば人の心を引き付けるような、強い魅力を持っている人**のことをいいます。

ただ、いまはカジュアルに「カリスマ」という言葉が使われる時代です。

カリスマは、いいかえれば「超スゴイ人」くらいのイメージではないでしょうか。

この章で解説するカリスマは本来の意味でのカリスマです。イメージでいえば**「超超超スゴイ人」**といったところでしょうか。

実はカリスマになるには、必要な要素があるのです。
それが**「カリスマになる11の要素」**です。
この要素を身につけると、あなたもカリスマになることができます。
具体的にはこの11要素です。

【カリスマになる11の要素】

要素①「比喩」
要素②「似ている点を伝える」
要素③「ストーリー」
要素④「比較」
要素⑤「修辞疑問文」
要素⑥「道徳的信念の表現」
要素⑦「グループ感情の反映」
要素⑧「ちょっと高めの目標設定」
要素⑨「繰り返しの多用」
要素⑩「ユーモアの多用」
要素⑪「犠牲について話をする」

カリスマの11要素の話の前に、カリスマの特性について伝えておきたいことがあります。それは、**カリスマ性は、人から人に移るという事実**です。

カリスマの近くにいるとか、カリスマの話を聞くと、カリスマの在り方、考え方が、まるで風邪がうつるかのようにその人に伝播《でんぱ》していくのです。

わかりやすい例は、映画を観たときです。

強いヒーローが出てくるアクション映画を観終わった直後は、なんだか自分も強くなったような気分にならないでしょうか？

やさしい主人公が出てくる映画を観終わったあとは、自分もやさしい人になっていないでしょうか。

これは**フローダウン効果**といいます。フローがダウンする（乗り移る）という意味です。

フローとは、こんな状態です。

●フロー状態

時間が過ぎるのも忘れてしまうほど作業に没頭している状態。スポーツやビジネスの分野にも見られ、いわゆる何をやってもうまくいく絶好調の状態。

このフロー状態がダウンするのが、フローダウン効果です。ダウンとは「下に流れていく」という意味ですが、要は「乗り移る」ということです。

大谷翔平さんのインタビューを見ていると、なんだか自分も限界を超えて何かができるんじゃないかと思うことはないでしょうか。**それはもう大谷さんのカリスマ性が移っている状態です。**

カリスマ性のある人の講演会に行ったあとは、モチベーションが大きく上がるというのもフローダウン効果です。

ただ、講演会で上がったモチベーションがその後ずっと持続するかというと、そういうわけではありません。

しばらくすると忘れてしまったり、モチベーションが元に戻ってしまいます。

なので、**頻度が大切になります。いってみれば「カリスマ浴び」**をしょっちゅうするのです。

講演会に行く頻度を上げる、映画を観る頻度を上げるなどで、フローダウン効果を持続する。そして、その状態のときに行動に移していく。そうしていくうちにその状態があたりまえの状態になり、カリスマ性を自分の中に取り込むことができるのです。

カリスマ性を自分で持つことのメリットは、相手に影響を強く与えられるところにあります。**カリスマ性があるだけで、伝わり方は大きく変化します。**

これから紹介する「カリスマになる11の要素」を自分の中に取り込み、ぜひカリスマ性を身につけてください。

カリスマになる11の要素

先ほども書きましたが、**カリスマ性は後天的に身につけることができます。**

これは、ローザンヌ大学の研究が特定したものになりますが、ここでは、その11の要素をひとつひとつ詳しく紹介します。

要素①「比喩」

カリスマはとにかく比喩をよく使っていました。 この本でもここまで紹介してきた比喩です。詳しくは第6章を読んでもらえたらと思いますが、伝わるコツである比喩をよく使うことがカリスマへの第一歩です。

要素② 「似ている点を伝える」

「あなたと私には同じ点がある」と、カリスマはよく共通点を伝えます。

たとえば、こんなケースを思い浮かべてみてください。

完璧な人があなたの目の前にいます。この人がこう言いました。

「成功には努力の積み重ねが大事なんです。たくさん努力をしてあなたも成功しましょう！」

こう言われたらどんな印象を受けるでしょうか？

「それはあなただからできたんじゃないか。あなたは優秀だからできるので、私には同じ努力はできない」

そんなふうに思うかもしれません。

でもこう言われたらどうでしょうか。

「成功には努力の積み重ねが大事なんです。でも最初から努力ができたわけではありません。あなたの年齢のときは努力をするのが苦手でした。その後、少しずつ小さな努力をしていくなかで、だんだんと努力ができるようになりました。結果、努力が積み重なり、成功しました」

こう言われると、聞いたほうは自分にもできるかもしれないという印象を持つのではないでしょうか。

これが「似ている点を伝える」という行為です。

自分と相手の同じ点を話すだけです。

同じ点があることで「自分の味方」だと思いやすくなるのです。

カリスマのうまいところは、「自分は人と違う」という話をするのではなく、「自分はあなたたちと似ている」という話をするところです。

そうすることで、聞くほうが身近に感じるのです。

「天上界の人」というイメージではなく、「同じ地上にいる近い人」という印象をつくり、それが好感につながっていきます。

要素③「ストーリー」

カリスマはとにかくストーリーを話します。

これも171ページで出てきた方法ですね。伝えたいことの解像度を高めていくためにストーリーを多用するのです。

要素④「比較」

4つめは**比較**です。これもここまで紹介してきたものです。こうしてカリスマになる要素を見ていくとわかるかと思いますが、カリスマとはコミュニケーションがうまくいく方法をすべて活用しているともいえるのです。コミュニケーション全部乗せ。それがカリスマを生んでいます。

要素⑤「修辞疑問文」

答えを必要としない質問のことを**修辞疑問文**といいます。

「いったい、誰がそんなことすると思うんですか？」

「私がそんなことを考えていると思いますか？」

これが修辞疑問文です。

国家のトップである大統領や首相には、修辞疑問文を使う人がよくいます。

修辞疑問文の魅力は、命令を命令っぽくなく伝えることができる点にあります。「これはやってはいけません」と言うよりも「いったい誰がそんなことをすると思いますか？」と言われたほうが、「してはいけない」ということが伝わります。この本で何回も命令はNGと書いてきましたが、修辞疑問文を使った方法であれば、伝わり方は変わります。

要素⑥「道徳的信念の表現」

6つめは**道徳的信念の表現**です。

カリスマは自分が倫理観を持っていることを伝えます。

たとえば、英国のカリスマ首相だったウィンストン・チャーチルは、戦争（第二次世界大戦）に勝利したとき、このような言葉を述べています。「いまこそあなたの時代です。これは党派や階級の勝利ではありません。偉大な英国国家全体の勝利です！」

カリスマは自分の手柄のためではなく、人のため社会のためという利他の精神を持っています。ほかにも「子どもたちの未来のために」「女性が働きやすい環境をつくるために」「社会をよりよくするために」「地球を守るために」などの表現をよく使います。

64ページで紹介したＢＹＡＦ法（あなたに任せる法）も、道徳的信念の表現です。

「最後はあなたに任せる」という伝え方をすることで「この人は自分のことを考え

てくれている」「この人はいい人なんだろう」という気持ちを生み出すのです。

要素⑦「グループ感情の反映」

7つめは**グループ感情の反映**です。

目の前の人たちがどういう気持ちなのかを代弁するのです。

たとえば会社が倒産の危機のとき。社員はみな不安になっています。そんなときにただ「がんばりましょう！」と言われても響きません。

「そんなことを言われてもちょっと難しい」という感情にしかならないかもしれません。

では、グループ感情の反映を考えてこう言うのはどうでしょうか。

「いま、会社が倒れかけていて、みなさんも不安になっているかもしれません。どうなのか心配している方もいると思います。でもここは踏ん張りどころです！　改善するポイントはハッキリしているので、そこを改善してやっていきましょう」

こう言われると、**ただがんばろうと言われるよりも、やろうという気持ち**

は高まるのではないでしょうか。

この言い方のポイントは、**言葉のなかから「あなたのことを理解していますよ」という気持ちを発信すること**です。

何かを伝えたいと思ったときに、まずは気持ちを代弁することから始めます。

たとえば、相手がこちらのことをうさん臭く思っていたとしたら。

「あなたはこのことを怪しいと思うかもしれないんですけど……」とちゃんと伝えていくのです。

相手が思っているであろうことを代弁する。これは一対一のときも一対多のときでも同じです。

要素⑧「ちょっと高めの目標設定」

ちょっと高めの目標を設定して、「あなたならばそれが達成できる！」という自信を伝えていきます。

ただ、気をつけないといけないのは、321ページで書いた通り、低すぎるゴールでも高すぎるゴールでもモチベーションは下がるということです。

できるかできないか、どっちも可能性があるあたり。％でいえば**実現可能性が50~70％くらいのところに目標設定があるとモチベーションは上がります。**

これは釣鐘《つりがね》効果といって、あるところまでは量を増やしたり、目標を高くすることで効果が上がるのですが、ある地点をピークにして量が増えたり、目標が高すぎたりすることがマイナス効果になってしまうというものです。

要素⑨「繰り返しの多用」

同じメッセージを何度も繰り返すのです。

人は1度言われただけではなかなか頭に残りません。**繰り返し何度も言われることで、印象に刻まれるのです。**

ただ、だからといって10回も20回も言わないといけないかというと、そんなことはありません。

すべての場合ではありませんが、認知科学的にはこの本でも書いてきたように「5回以上は4回と同じ」といわれています。5回以上言ったところで、4回めの効果よりも高まることはないということです。

あまり言いすぎるとしつこくなるので、むしろマイナスに効果が生まれることもあります。

ですから、**繰り返す回数は4回がおすすめです。**

要素⑩「ユーモアの多用」

10個めは**ユーモアの多用**です。

ユーモアは脳を活性化させますし、人に届きやすい要素です。

生真面目な人よりも、ユーモアのある人のほうがカリスマになりやすいのは、このおかげです。

要素⑪「犠牲について話をする」

そして、11個めは**犠牲について話をする**です。

この「犠牲」は、**その後もし困難にぶち当たったとしても、それを乗り越えるための免疫をつくる効果**があります。

「この目標を実現することは簡単ではありません。そんなに楽観的ではないのです。そして、痛みも伴います。でも、この痛みを乗り越えたとき、大きな目標を達成できるのです！」

こんな感じで、犠牲、痛みなどのマイナス面を伝えます。「高いゴールを実現するためにはこういった困難が待ち受けているかもしれない」と伝えます。

ダイエットの研究でおもしろいデータがあります。

ダイエットをするときに「ゴールだけを立てたグループ」と「ゴールと途中に待ち受ける困難を書き出したグループ」に分けて、どっちがやせやすいかという研究です。

その答えは、**待ち受ける困難を書き出したグループのほうがやせた**んです。

なぜそうなったか、その理由のひとつは、**困難を想定していないことによる挫折**です。

家に帰ったら、アイスクリームが食べたいと思ったとき。

困難を想定していないと、家に帰ってアイスを食べてしまうかもしれません。

でも事前に、「家にあるアイスを食べたくなるタイミングが来るはずです。そんなときのために、アイスの代用品を用意しておきましょう」ということがわかっていたら。アイスを我慢できたかもしれません。

これが、**困難の想定**です。

プラスのことしか伝えないと、「いきなり困難」に対してうまく対応ができないときがあるのです。そうなると待っているのは挫折です。

最初からこういうことがあると困難の想定をしていると、それを防ぐことができる。まさに免疫をつくっておけるわけです。これを心理的免疫といいます。

ダイエットに成功する秘けつは心理的免疫をつくっておくことです。

カリスマは心理的免疫をつくる天才でもあります。

この11個の要素を組み合わせると、カリスマのできあがりです。

痛みの話もするけど、その先の高い（けれど高すぎない）目標の話もする。

「このままでは日本経済はダメになります。でも痛みを乗り越えた先に、新しい日本が待っています。そこに行きたいと思いませんか？　ぜひ一緒にそこに向かいましょう」

政治家であれば、こんなふうに伝えるとカリスマ度を高めることができるのです。

11個あるので、けっこうやることは多いのです。そのせいもあるからこそ、カリスマが少ないのだと思います。

でも一方で、**こう見るとカリスマはとんでもなく遠い存在ではなく、やりようでは自分もなれるくらいのものではないでしょうか。**

やれば誰もがカリスマになれる！　そんなイメージです。

ちなみに興味ぶかい事実があります。

実はこの**カリスマになる11個を実践した経営幹部は、リーダーシップの力が60%上昇した**というデータがあるのです。

カリスマという言葉を使うと、何か特別なもののように聞こえるかもしれないですが、カリスマとは要は人としての魅力度のことです。

そして、この11の要素が、人としての魅力を上げる要素なのです。

おわりに

最後まで読んでいただき、ありがとうございます。
「人にうまく伝えられない」「ちゃんと伝えるのが難しい」
そんな悩みの解決に役立てられたらという思いで、ここまで書き進めてきました。

この本の最後に、もうひとつ、私から伝えたいことがあります。

それは、「どんなにうまくいく人でもコミュニケーションがうまくいかない時代があった」ということです。成功した人でも対人関係に悩んだ時期があるのです。

そして、その人は悩んでいることを成功につなげるために「時間の視点」をうまく使います。私たちはうまくいっているとき、視点は過去や現在だけでなく、未来に向けています。

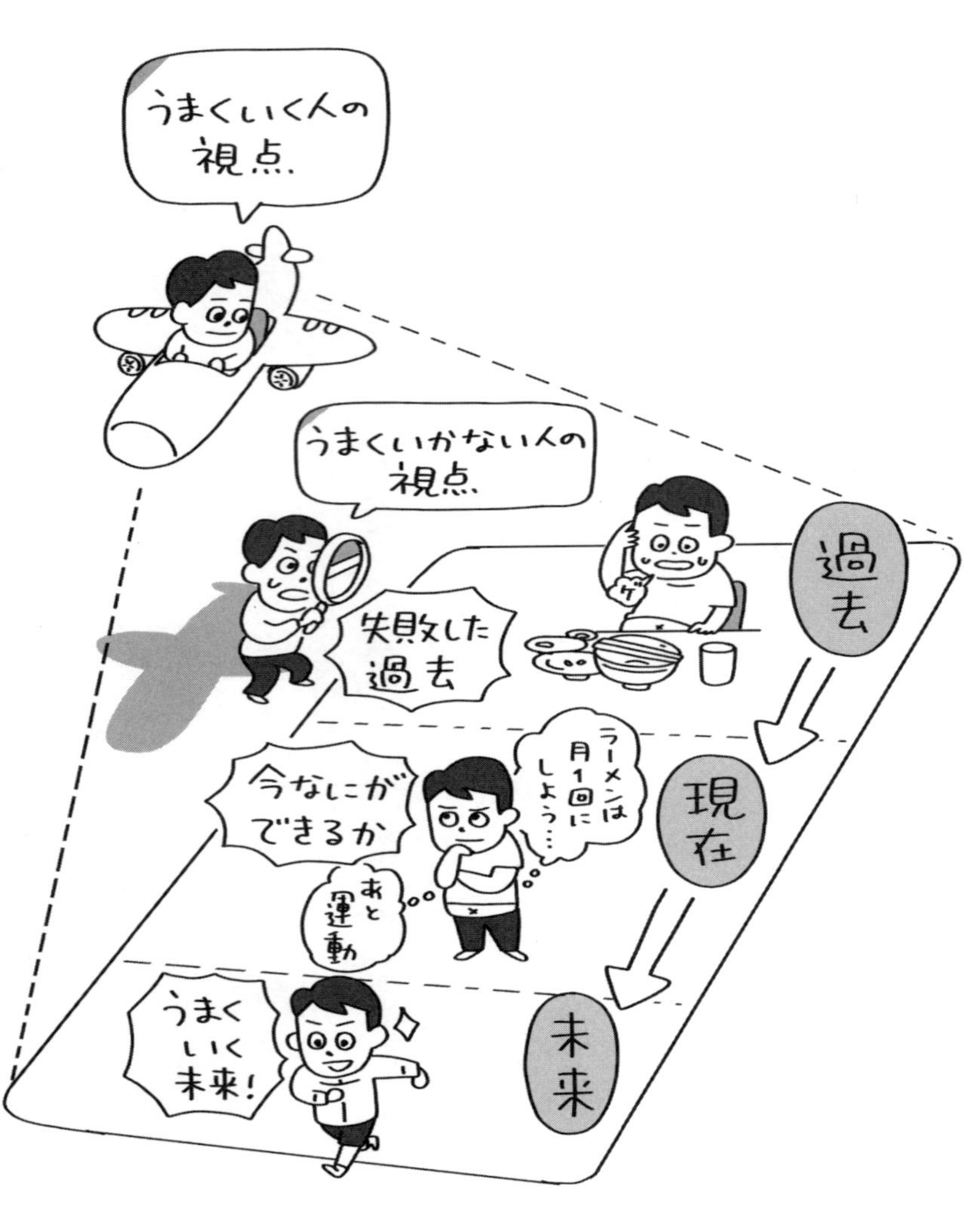
うまくいく人の
視点
うまくいかない人の
視点
失敗した
過去
過去
ラーメンは
月1回に
しよう…
今なにが
できるか
現在
あと
運動
うまく
いく
未来！
未来

たとえばダイエット中に食べ過ぎたとしても、「あ〜、失敗してしまった。この失敗を繰り返さず、未来がうまくいくためのきっかけにしよう！　そのために、いまから何をしたらいいかを考えよう」

こんな風に考えるのです。

どうでしょうか。過去、未来、現在と3つの視点で失敗をとらえています。

それはまるで鳥が上空から見渡すような視点です。上からの視点で過去から現在、そして未来に向け、失敗したことから何かをつかみ、未来に向かおうとする考え方をしています（上空の鳥の視点。飛行機の上から見ているようなものです）。

一方、うまくいかないとき、私たちは下を見て過去ばかりに視点を向け、「なんでうまくいかなかったのか」を考え、後悔します。まるで、バックミラーを見ながら、前に進もうとしているような状態です（地上のバックミラー視点）。

しかし、うまくいかないときほど、大きなチャンスです。

壁にぶつかったとき、そこには必ず、自分の偏ったバイアスや不要なパターンが存在するからです。そこから自分を客観的に見つめ、原因を特定して、それをよい方向に一度でも角度を変えることができれば、それはいつしか大きな差になり、自分でも驚く日がくるかもしれません。

私は30歳のときにストレスで難病を宣告された経験があります。

相手をコントロールしようとして、大きなストレスを抱えていました。

そもそも、相手はコントロールできません。しかし、自分の見える世界（視点）と言葉はコントロールできることを知りました。

私は実践することでストレスがなくなり、半年で病気までなくなってしまいました。いまはとても元気で、最新の講演やメディアを通して、多くの人の悩みを解決すべく、日々活動しています。

相手に質問してみる、脳タイプを探ってみる、比較させる、映画の中で比喩を発見する、一度は相手の靴をはいて体験してみる（解像度を上げる）、世の中にあふれているたくさんのストーリーに触れる、オウムになる、話すスピードを合わせる、感謝を伝える、カリスマ浴びをする……こうしたひとつひとつのことが、私たちの人としての力の一部になり、本当の意味でこの世界を自由に翔《はばた》いていけるようになります。

人生は有限です。
人の可能性は無限です。
そして、すべてはあなたの選択に委ねられています。あなたの未来に、この本が役立つことを願って。

脳科学者　西剛志

Self-Mastery and Unleash Empathy (Highly Effective Mindset Habits for Self-Help, Self-Development & Nlp Psychology)"
14 **上司から相談を受ける部下ほど、職場の仲間を手助けする**／Sparrowe, R. T., Soetjipto, B. W., & Kraimer, M. L.(2006). Do leaders' influence tactics relate to members' helping behavior? It depends on the quality of the relationship. Academy of Management Journal, 49(6), 1194-1208.
15 **プラットフォール効果**／Aronson, E., Willerman, B., & Floyd, J. (1966). Theeffect of a pratfall on increasing interpersonal attractiveness. Psychonomic Science, 4(6), 227–228
16 **傾聴スキルを高めて上司と部下がお互いを理解し合うと、職務態度、満足感、上司部下の関係性の全ての項目で効果があった**／Graen, G. B., Novak, M. A., & Sommerkamp, P.(1982). The effects of leader-member exchange and job design on productivity and satisfaction: Testing a dual attachment model. Organizational Behavior & Human Performance, 30(1), 109-131.
17 **自分に関係することにはやる気が上がる（自己参照効果）**／Rogers, TB. et.al. "Self- reference and the encoding of personal information", Journal of Personality and Social Psychology, 1977, Vol.35(9), p.677-688
18 **自分のサンプルを分析するとやる気と費やす時間が長くなる**／Weber KS., et.al., "Personal microbiome analysis improves student engagement and interest in Immunology, Molecular Biology, and Genomics undergraduate courses", PLoS One, 2018, Vol.13(4):e0193696.
19 **ハーバード大学の行動分析学者バラス・スキナーが提唱する「スモール・ステップス」**／Skinner, B. F.(1954). The science of learning and the art of teaching. Harvard Educational Review, 24, 86.
20 **変化するには小さくても成功体験が大切**／Hudson, N. W., Briley, D. A., Chopik, W. J., & Derringer, J. (2019) . You have to follow through: Attaining behavioral change goals predicts volitional personality change. Journal of Personality and Social Psychology, 117(4) , 839-857
21 **リーダーの考え方は部下に影響する**／Shawn Achor, "The Happiness Advantage: The Seven Principles of Positive Psychology That Fuel Success and Performance at Work", Crown Currency, 2010
22 **留学すると性格がシフトする**／Zimmermann J, Neyer FJ. Do we become a different person when hitting the road? Personality development of sojourners. J Pers Soc Psychol. 2013 Sep;105(3) :515-30.
23 **周りが協調的な人ばかりだと、協調性を示す行動や考え方が増える**／Paul A. M. Van Lange, "The Pursuit of Joint O utcomes and Equality in Outcomes: An Integrative Model of Social Value Orientation," Journal of Personality and Social Psychology 77 (1999) : 337-349/ Jennifer Chatman and Sigal Barsade, "Personality, Organizational Culture, and Cooperation: Evidence from a Busi ness Simulation," Administrative Science Quarterly 40 (1995) : 423-443
24 **性格の伝染は世界のあらゆる地域で見られる**／Rentfrow PJ, Gosling SD, Jokela M, Stillwell DJ, Kosinski M, Potter J. Divided we stand: three psychological regions of the United States and their political, economic, social, and health correlates. J Pers Soc Psychol. 2013 Dec;105(6):996-1012.

第９章　カリスマになる方法があった

1 **カリスマが移るフローダウン効果（カリスマリーダーのフォロワーは、接する時間が増えるとカリスマ性が増す）**／Katz-Navon T, Delegach M, Haim E. Contagious charisma: the flow of charisma from leader to followers and the role of followers' self-monitoring. Front Psychol. 2023 Nov 2;14:1239974.
2 **カリスマを生み出す１１の要素（実践するとリーダーシップが６０％上昇する）**／Antonakis J, Fenley M, Liechti S. Learning charisma. Transform yourself into the person others want to follow. Harv Bus Rev. 2012 Jun;90(6):127-30,
3 **修辞疑問文（答えを必要としない質問）とカリスマ性**／Neitsch J, Niebuhr O. Research on Rhetorical Devices in German: The Use of Rhetorical Questions in Sales Presentations. J Psycholinguist Res. 2022 Oct;51(5):981-1000.
4 **実現可能性が５０～７０％くらいのところに目標設定があるとモチベーションは上がる**／西剛志著「あなたの世界をガラリと変える認知バイアスの教科書」，SBクリエイティブ，2023年
5 **ユーモアは脳の幅広い部分を活性化**／Bartolo A, Benuzzi F, Nocetti L, Baraldi P, Nichelli P. Humor comprehension and appreciation: an FMRI study. J Cogn Neurosci. 2006 Nov;18(11):1789-98.
6 **ダイエットでの障害を想像している人ほど１年でより減量効果が見られた**／Oettingen, G. & Wadden, T.A. "Expectation, fantasy, and weight loss: Is the impact of positive thinking always positive?", Cogn. Ther. Res., 1991, Vol.15, p.167–175

19 **脳は４つまでは認知できるが５つ以上を認知できない**／Kutter, E.F., Dehnen, G., Borger, V. et al. Distinct neuronal representation of small and large numbers in the human medial temporal lobe. Nat Hum Behav 7, 1998–2007 (2023)/ JEVONS, W. The Power of Numerical Discrimination . Nature 3, 281–282 (1871).

20 **低音の声の男性CEOはそうでないCEOと比べて年間１８万７０００ドル多く稼ぐ**／Mayew, W. J., Parsons, C. A., & Venkatachalam, M. (2013). Voice pitch and the labor market success of male chief executive officers. Evolution and Human Behavior, 34(4), 243–248

21 **言葉は「怒った口調」より「やさしい口調」のほうが受け入れられやすい**／Shudo, S. (2016). Sincerity Condition Revisited: Truth or Dare? IEICE Technical Report, 116(368), 101-104.

22 **声の高低の幅や声のスピードが変わる人は支配力とカリスマ性がある**／Signorello R, Demolin D, Henrich Bernardoni N, Gerratt BR, Zhang Z, Kreiman J. Vocal Fundamental Frequency and Sound Pressure Level in Charismatic Speech: A Cross-Gender and -Language Study. J Voice. 2020 Sep;34(5):808.e1-808.e13.

23 **謝罪は怒りの衝動は消せるが、不快感は抑えられない**／Kubo K, Okanoya K, Kawai N. Apology isn't good enough: an apology suppresses an approach motivation but not the physiological and psychological anger. PLoS One. 2012;7(3):e33006

24 **謝罪は一人よりも二人で謝ったほうが許される**／Okada Y, Kimoto M, Iio T, Shimohara K, Shiomi M. Two is better than one: Apologies from two robots are preferred. PLoS One. 2023 Feb 22;18(2):e0281604

25 **完璧な謝罪法６つの要素**／Lewicki, R., Polin, B. & Lount, R., (2016) “An Exploration of the Structure of Effective Apologies”, Negotiation and Conflict Management Research 9(2), 177-196.

第８章　コミュニケーションがうまくいくチームのつくり方

1 **従業員エンゲージメントとは、コミットメントや満足度、やる気とはまったく異なる**／Mone E.M., London M. Routledge; UK: 2018. Employee Engagement through Effective Performance Management: A Practical Guide for Managers.

2 **エンゲージメントは社員の高いパフォーマンスと生産性に影響**／Kossyva D, Theriou G, Aggelidis V, Sarigiannidis L. Outcomes of engagement: A systematic literature review and future research directions. Heliyon. 2023 Jun 22;9(6):e17565/ Shuck B., L Adelson J., Reio T.G. The employee engagement scale: initial evidence for construct validity and implications for theory and practice. Hum. Resour. Manag. 2017;56(6):953–977

3 **エンゲージメントは「仕事に何か違うものをもたらすために完全に自己が活性化された状態」**／Kwon K., Kim T. An integrative literature review of employee engagement and innovative behavior: revisiting the JD-R model. Hum. Resour. Manag. Rev. 2020;30(2) doi: 10.1016/j.hrmr.2019.100704.

4 **さまざまな困難や変化に対し、与えられた環境のみならず、自ら枠を超えて行動を起こし、新たな価値を生み出していく企業の精神や姿勢が、エンゲージメントを通して業績につながる**／Ahmed, U., Umrani, W. A., Zaman, U., Rajput, S. M., & Aziz, T. (2020). Corporate Entrepreneurship and Business Performance: The Mediating Role of Employee Engagement. Sage Open, 10(4)

5 **エンゲージメントの高い組織はオキシトシンが関係**／Zak PJ, Kurzban R, Matzner WT. Oxytocin is associated with human trustworthiness. Horm Behav. 2005 Dec;48(5):522-7/ Zak PJ, “高信頼性組織の神経科学” DIAMOND ハーバード・ビジネス・レビュー論文

6 **生産性を５０％高めるエンゲージメントを生み出すために必要な要素**／Zak PJ, “高信頼性組織の神経科学” DIAMOND ハーバード・ビジネス・レビュー論文

7 **世界３８カ国の約６０００人を対象としてリーダーに最も大切な条件は「自分のことを理解してくれていること」だった**／Empathy in the Workplace A Tool for Effective Leadership By: William A. Gentry, Todd J. Weber, and Golnaz Sadri 2016

8 **命令ではなく従業員に必要なものを提供するサーヴァント・リーダーシップ**／Canavesi A, Minelli E.Servant Leadership: a Systematic Literature Review and Network Analysis. Employ Respons Rights J. 2022;34(3):267-89.

9 **当事者意識を持つとモノや出来事に対するコミットメントが５倍になる**／Scott, Keller, “Increase Your Team's Motivation Five-Fold”, Harvard Business Review, Apr. 26, 2012

10 **当事者意識や所有の感覚を持つと人に寛大になりやさしくなる**／Francesca Gino, “How to Make Employees Feel Like They Own Their Work”, Harvard Business Review, Dec. 07, 2015

11 **選択できる環境をつくることがモチベーションを上げる**／Murayama, K., Izuma, K., Aoki, R. and Matsumoto, K. (2016), ““Your Choice” Motivates You in the Brain: The Emergence of Autonomy Neuroscience”, Recent Developments in Neuroscience Research on Human Motivation (Advances in Motivation and Achievement, Vol. 19), Emerald Group Publishing Limited, pp. 95-125.

12 **期待の効果は実現可能性で変化**／Atkinson,John William. “Motivational determinants of risk-taking behavior.” Psychological review64, Part16(1957) , p.359-72

13 **弱みを見せることで成功した組織の例**／Human and Social Productions, “Emotional Intelligence: The Most Modern Psychologists Guide 2.0 to Improve Your Social Skills, Master Your Leadership, Boost Your EQ, Strengthen

第７章　脳科学が導き出した　もっと伝わるコツ

1　**アイメッセージの割合が高いほどより良い問題解決とより高い夫婦満足度に関連**／ Simmons, Gordon & Chambless (2005).Simmons RA, Gordon PC, Chambless DL. Pronouns in marital interaction: what do "you" and "I" say about marital health? Psychological Science. 2005;16(2):932–936.

2　**ケンカでユーメッセージを使うとカップルの仲がマイナスになりやすい**／ Bieson, Schooler & Smith (2016).Bieson JN, Schooler DE, Smith DA. What a difference a pronoun makes: i/we versus you/me and worried couples' perceptions of their interaction quality. Journal of Language and Social Psychology. 2016;35(2):180–205.

3　**「あなたが〇〇に感じるのは理解できるが、私は△△だと感じます。だから状況は不公平です」と伝えると相手の敵意が減りやすい**／ Rogers SL, Howieson J, Neame C. I understand you feel that way, but I feel this way: the benefits of I-language and communicating perspective during conflict. PeerJ. 2018 May 18;6:e4831.

4　**アイメッセージのほうが否定的な感情を与えず、相手の同情心や協力的な行動を引き出す（例：「あなたは私を動揺させた」より「私は動揺している」）**／ Kubany et al. (1992b).Kubany ES, Richard DC, Bauer GB, Muraoka MY. Verbalized anger and accusatory "you" messages as cues for anger and antagonism among adolescents. Adolescence. 1992b;27(107):505–516./ Kubany et al. (1995a).Kubany ES, Bauer GB, Muraoka MY, Richard DC, Read P. Impact of labeled anger and blame in intimate relationships. Journal of Social and Clinical Psychology. 1995a;14(1):53–60./ Kubany et al. (1995b).Kubany ES, Bauer GB, Pangilinan ME, Muraoka MY, Enriquez VG. Impact of labeled anger and blame in intimate relationships: cross-cultural extension of findings. Journal of Cross-Cultural Psychology. 1995b;26(1):65–83.

5　**アイメッセージは、相手に自分の視点を伝えて交渉に応じる姿勢がある点を伝えられる**／ Burr (1990).Burr WR. Beyond I-statements in family communication. Family Relations. 1990;39(3):266–273

6　**感謝の言葉は脳の報酬系を活性化させる**／ Kyeong S. et.al. "Effects of gratitude meditation on neural network functional connectivity and brain-heart coupling",Sci. Rep. 2017, Vol.7:5058. doi: 10.1038/s41598-017-05520-9

7　**ネガティブな動画を見てマイナスの状態になると、痛がっている人を見ても共感力（島皮質前部と中帯状皮質の活性）が下がる**／ Qiao-Tasserit E, Corradi-Dell'Acqua C, Vuilleumier P. The good, the bad, and the suffering. Transient emotional episodes modulate the neural circuits of pain and empathy. Neuropsychologia. 2018 Jul 31;116(Pt A):99-116.

8　**自分がネガティブな状態だと、相手が無表情でも相手がネガティブな表情と認知する**／ Qiao-Tasserit E, Garcia Quesada M, Antico L, Bavelier D, Vuilleumier P, Pichon S. Transient emotional events and individual affective traits affect emotion recognition in a perceptual decision-making task. PLoS One. 2017 Feb 2;12(2):e0171375.

9　**相手の気持ちを読む力のピークは48歳**／ Hartshorne J.K. & Germine LT., "When does cognitive functioning peak? The asynchronous rise and fall of different cognitive abilities across the life span", Psychol. Sci., 2015, Vol.26(4), p.433-43

10　**不平等なゲームで攻撃性がない人たちは、出来事や人に対する視点を多く持つ**／ Klimecki OM, Vuilleumier P, Sander D. The Impact of Emotions and Empathy-Related Traits on Punishment Behavior: Introduction and Validation of the Inequality Game. PLoS One. 2016 Mar 15;11(3):e0151028. doi: 10.1371/journal.pone.0151028.

11　**自分の心臓のリズムを正確に把握できる人は共感性が高い**／ Sandra Blakeslee and Matthew Blakeslee , "Where Mind AND Body Meet", Scientific American Mind, Vol.18(4), 2007, pp. 44-51

12　**ネームコーリング効果**／ Kleinke, C. L., Staneski, R. A., & Weaver, P. (1972). Evaluation of a person who uses another's name in ingratiating and noningratiating situations. Journal of Experimental Social Psychology, 8(5), 457–466

13　**利用可能性ヒューリスティック**／ Tversky, A.,& Kahneman, D., "Availability: A heuristic for judging frequency and probability", Cognitive Psychology, 1973, Vol.5, p.207-232

14　**流暢性の処理**／ Reber R, Unkelbach C. The Epistemic Status of Processing Fluency as Source for Judgments of Truth. Rev Philos Psychol. 2010 Dec;1(4):563-581

15　**言葉がやさしくてシンプルなほうが知的に感じられ著者の評価が高くなった**／ Oppenheimer, D. M. (2006). Consequences of erudite vernacular utilized irrespective of necessity: Problems with using long words needlessly. Applied Cognitive Psychology, 20(2), 139–156

16　**韻踏み効果**／ Filkuková P, Klempe SH. Rhyme as reason in commercial and social advertising. Scand J Psychol. 2013 Oct;54(5):423-31.

17　**短所を伝えてから長所を話すほうが好印象になる**／ Bohner, G., Einwiller, S., Erb, H.-P., & Siebler, F. (2003). When small means comfortable: Relations between product attributes in two-sided advertising. Journal of Consumer Psychology, 13(4), 454–463

18　**最初に自分の弱みを話して、最後に強みを話すと好感度が上がる**／ Jones, E. E., & Gordon, E. M. (1972). Timing of self-disclosure and its effects on personal attraction. *Journal of Personality and Social Psychology, 24*(3), 358–365.

18 **目を閉じて具体的にイメージして行動している自分を想像すると約1.7倍行動する**／Renner F, Murphy FC, Ji JL, Manly T, Holmes EA. Mental imagery as a "motivational amplifier" to promote activities. Behav Res Ther. 2019 Mar;114:51-59

19 **恐怖を感じるときの脳の状態**／Yoshihara K, Tanabe HC, Kawamichi H, Koike T, Yamazaki M, Sudo N, Sadato N. Neural correlates of fear-induced sympathetic response associated with the peripheral temperature change rate. Neuroimage. 2016 Jul 1;134:522-531

20 **アンパッキング**／Kruger, Justin & Evans, Matt. "If you don't want to be late, enumerate: Unpacking Reduces the Planning Fallacy", Journal of Experimental Social Psychology, 2003, Vol.40 (5), p.586–598

21 **「少しお時間よろしいですか？」より「あなたは人に協力的ですか？」のほうが約2.7倍協力する**／Bolkan, S., & Andersen, P. A. "Image induction and social influence: Explication and initial tests", Basic and Applied Social Psychology, 2009, Vol.31(4), p.317-324

22 **前頭前野と確証バイアス（事実と認めていること）**／Holbrook C., et.al., "Posterior medial frontal cortex and threat-enhanced religious belief: a replication and extension", Soc. Cogn. Affect. Neurosci., 2020, Vol.15 (12), p.1361-1367./ Kappes, A., et al. "Confirmation bias in the utilization of others' opinion strength". Nat. Neurosci., 2020, Vol. 23, p.130–137/ Zhong WC., et.al., "Biological and cognitive underpinnings of religious fundamentalism"Neuropsychologia, 2017, Vol.100, p.18-25/ Colin Holbrook,et.al., "Neuromodulation of group prejudice and religious belief", Soc. Cog. Affect. Neurosci., 2016, Vol. 11(3), p.387-394

23 **督促状に「大多数のイギリス国民は税金を払っている」と書くと、未納金の回収率が57%から86%に高まる**／Michael Hallsworth, John A. List, Robert D. Metcalfe, Ivo Vlaev,The behavioralist as tax collector: Using natural field experiments to enhance tax compliance,Journal of Public Economics,Volume 148,2017,Pages 14-31,

24 **ハーディング**／Raafat RM, et.al., "Herding in humans", Trends Cogn. Sci., 2009, Vol.13 (10),p.420-8

25 **多数派（同調）バイアス**／Haun, D.B.M. et.al. "Majority-biased transmission in chimpanzees and human children, but not orangutans", Curr Biol. 2012, Vol.22 (8), p.727–731/Sibilsky, A. et al. "Expanding the understanding of majority-bias in children's social learning", Sci. Rep. 2022, Vol. 12, p.6723

26 **省エネの促進に一番有効な言葉は「一人で節約しよう」より「77%の住民はエアコンではなく、扇風機を使っています」だった**／Nolan JM, Schultz PW, Cialdini RB, Goldstein NJ, Griskevicius V. Normative social influence is underdetected. Pers Soc Psychol Bull. 2008 Jul;34(7):913-23.

第6章　脳科学が導き出した伝わるコツ　たとえて、選ばせる

1 **比喩やメタファーは左脳だけでなく右脳（右島皮質、右下前頭回などを含む部分）も活性化**／Schmidt GL, Seger CA. Neural correlates of metaphor processing: the roles of figurativeness, familiarity and difficulty. Brain Cogn. 2009 Dec;71(3):375-86/ Klooster N, McQuire M, Grossman M, McMillan C, Chatterjee A, Cardillo E. The Neural Basis of Metaphor Comprehension: Evidence from Left Hemisphere Degeneration. Neurobiol Lang (Camb). 2020 Oct 1;1(4):474-491

2 **メタファーは感情をつかさどる扁桃体も活性化**／Citron FMM, Güsten J, Michaelis N, Goldberg AE. Conventional metaphors in longer passages evoke affective brain response. Neuroimage. 2016 Oct 1;139:218-230.

3 **メタファーは視覚タイプ、聴覚タイプ、体感覚タイプの脳のすべてのタイプの人に伝わる言語**／Khatin-Zadeh O, Farsani D, Hu J, Eskandari Z, Zhu Y, Banaruee H. A Review of Studies Supporting Metaphorical Embodiment. Behavioral Sciences. 2023; 13(7):585.

4 **比喩は脳の感覚運動領域にも影響を与える（体感覚タイプにも伝わりやすい）**／Desai RH. Are metaphors embodied? The neural evidence. Psychol Res. 2022 Nov;86(8):2417-2433/ Jamrozik A, McQuire M, Cardillo ER, Chatterjee A. Metaphor: Bridging embodiment to abstraction. Psychon Bull Rev. 2016 Aug;23(4):1080-9.

5 **「空」という言葉は視覚タイプがさらに反応しやすく、「叫ぶ」という言葉は聴覚タイプが反応しやすく、「走る」という言葉は体感覚タイプがさらに反応しやすかった**／Lynott, D.; Connell, L.; Brysbaert, M.; Brand, J.; Carney, J. The Lancaster Sensorimotor Norms: Multidimensional measures of perceptual and action strength for 40,000 English words. Behav. Res. Method 2019, 52, 1271–1291

6 **比喩はデフォルトモードネットワークや右脳を使ったほうが生まれやすくなる**／Benedek M, Beaty R, Jauk E, Koschutnig K, Fink A, Silvia PJ, Dunst B, Neubauer AC. Creating metaphors: the neural basis of figurative language production. Neuroimage. 2014 Apr 15;90(100):99-106/Beaty RE, Silvia PJ, Benedek M. Brain networks underlying novel metaphor production. Brain Cogn. 2017 Feb;111:163-170

7 **最も価値の高いものを選ぶとき眼窩前頭皮質が活性化**／Setogawa, T., Mizuhiki, T., Matsumoto, N. et al. Neurons in the monkey orbitofrontal cortex mediate reward value computation and decision-making. Commun Biol 2, 126 (2019)

8 **複数のものから選ぶとドーパミンが分泌**／Yun M. et.al. "Signal dynamics of midbrain dopamine neurons during economic decision-making in monkeys" Sci. Adv., 2020, Vol.6(27), eaba4962

goals across adulthood: Applying a developmental perspective to content, dynamics, and outcomes of goal importance and goal attainability", EuropeanJournal of Personality, 2019, Vol.33(3), p.359–384

29 **心理測定尺度（スケーリングすることの効果）**／Lewis CC, Mettert KD, Stanick CF, Halko HM, Nolen EA, Powell BJ, Weiner BJ. The psychometric and pragmatic evidence rating scale (PAPERS) for measure development and evaluation. Implement Res Pract. 2021 Aug 10;2:26334895211037391.

30 **メリットを伝えるフレーミング効果**／McNeil BJ, Pauker SG, Sox HC Jr, Tversky A. On the elicitation of preferences for alternative therapies. N Engl J Med. 1982 May 27;306(21):1259-62.

第５章　脳科学が導き出した伝わるコツ　相手を知るには「質問の技術」が使える

1 **会話中の質問は一般の人は10%ほどだが、交渉がうまい人は２倍以上（約21%）質問する**／Neil Rackham, "The Behavior of Successful Negotiators," in Negotiation: R eadings, Exercises, and Cases, ed. R. Lewicki, B. Barry, and D. M. Saunders (New York: McGraw-Hill, 2007)

2 **対話を含む問いかけは脳の左半球だけではなく右半球も活性化させる**／Ben Alderson-Day, et.al., "The brain's conversation with itself: neural substrates of dialogic inner speech", *Social Cognitive and Affective Neuroscience*, 2016, Vol.11(1), p.110–120

3 **心理的リアクタンス**／Brehm, J.W. "A theory of psychological reactance", 1966, Oxford, England:Academic Press./ Rosenberg, BD. & Siegel JT. "A 50-year review of psychological reactance theory:Do not read this article", Motivation Science, 2018, Vol.4, p.281-300

4 **「忘れてもいいよ」と声をかけると4%以上も成績が向上**／Cimbalo, R. S., Measer, K. M., & Ferriter, K. A. (2003). Effects of Directions to Remember or to Forget on the Short-Term Recognition Memory of Simultaneously Presented Words. Psychological Reports, 92(3), 735-743.

5 **「選挙に投票するつもりか？」と聞くと投票率が25%アップ**／Greenwald, A. G. et.al. "Increasing voting behavior by asking people if they expect to vote", Journal of Applied Psychology, 1987, Vol.72(2), p.315–318

6 **来る日時を復唱して書いてもらうだけで約束を守る人が増えるコミットメント効果**／Martin SJ, Bassi S, Dunbar-Rees R. Commitments, norms and custard creams - a social influence approach to reducing did not attends (DNAs). J R Soc Med. 2012 Mar;105(3):101-4

7 **車の購入を検討している人に「6ヵ月以内に新車を買う予定はあるか？」と聞くと、聞かれていないグループに比べて35%も新車の購入率が高まる**／Vicki G. Morwitz, et.al., "Does Measuring Intent Change Behavior?" Journal of Consumer Research, Vol. 20(1), 1993, p.46–61

8 **自分のことを話すと脳の報酬系が活性化**／Tamir D.I., & Mitchell J.P. "Disclosing information about the self is intrinsically rewarding", Proc. Natl. Acad. Sci. USA, 2012, Vol.109(21), p.8038-43

9 **「やり通せる」よりも「やり通せるだろうか？」と質問したほうが約２倍やり通せる**／Senay I., et.al., "Motivating goal-directed behavior through introspective self-talk: the role of the interrogative form of simple future tense", Psychol. Sci., 2010, Vol.21(4), p.499-504

10 **ヒトにおけるミラーニューロンの示唆と聴覚とイメージの統合**／Rizzolatti, Giacomo & Craighero, Laila, "Language and mirrorneurons", The Oxford Handbook of Psycholinguistics. 2012/Le Bel RM.et.al. "Motor-auditory-visual integration: The role of the human mirrorneuron system in communication and communication disorders", J. Commun. Disord. 2009, Vol.42(4), p.299-304

11 **相手の本音がわかる投影法**／Waiswol N. Projective techniques as psychotherapy. Am J Psychother. 1995 Spring;49(2):244-59.

12 **正面よりも斜めに座ったほうが緊張度が下がり、親密さも保持できる**／H. Yamaguchi & M. Suzuki, "The experimental study of the effects of seat arrangement on One's feeling", The Japanese journal of experimental Social Psychology, 1996, Vol.36(2),219-229

13 **「なぜ」よりも「何が」と考えたほうが前向きに思考できる**／Hixon J.G. & Swann W.B. Jr. "When does introspection bear fruit? Self-reflection, self-insight, and interpersonal choices", J. Pers. Soc. Psychol., 1993, Vol.64(1), p.35-43

14 **「なぜ」という思考は非生産的な思考を招くことがある**／Kross E., et.al., "When asking "why" does not hurt. Distinguishing rumination from reflective processing of negative emotions", Psychol. Sci., 2005, Vol.16(9), p.709-15

15 **「なぜ」は自分の正しさを過信させる**／Introspection, Attitude Change, and Attitude-Behavior Consistency: the Disruptive Effects of Explaining Why we Feel the Way we Do, Advances in Experimental Social Psychology, Vol.22, 1989, p.287-343

16 **結果が得られることを期待したときドーパミンは放出される**／Lerner TN, Holloway AL, Seiler JL. Dopamine, Updated: Reward Prediction Error and Beyond. Curr Opin Neurobiol. 2021 Apr;67:123-130/Anselme P. & Robinson MJ."What motivates gambling behavior? Insight into dopamine's role"Front. Behav. Neurosci. 2013, Vol.7:182

17 **小さな目標は前頭前野の前方を活性化**／Hosoda C., et.al., "Plastic frontal pole cortex structure related to individual persistence for goal achievement", Commun. Biol., 2020, Vol.3 (1):194

8 **3～4年で離婚率が最も高く、PEAが関与している可能性**／ Fisher, HE (1994)" The Nature Of Romantic Love" The Journal of NIH Research 6#4:59-64. Reprinted in Annual Editions: Physical Anthropology, Spring 1995/Fisher, HE , "Why We Love: The Nature and Chemistry of Romantic Love", Henry Holt & Co (2004/2/1)

9 **イメージが行動につながる**／ Roth M, Decety J, Raybaudi M, et al.: Possible involvement of primary motor cortex in mentally simulated movement: A functional magnetic resonance imaging study. Neuroreport, 1996, 7: 1280-1284/ Decety J, Perani D, Jeannerod M, et al.: Mapping motor representations with positron emission tomography. Nature, 1994, 371: 600-602

10 **脳は比較が好き**／ Ehrenstein, W. H., & Hamada, J. "Structural factors of size contrast in the Ebbinghaus illusion" Japan. Psychol. Res., 1995, Vol.37 (3), p.158–169

11 **本で教えるよりもVRでリアルな心臓に触れたほうが理解度が大幅に向上**／ Hite, Rebecca Lyn, "Perceptions of Virtual Presence in 3-D, Haptic-Enabled, Virtual Reality Science Instruction", 2016,

12 **企業ビジョンの解像度をアートで実現した事例「MIZUHO × OVER ALLs　WALL ART PROJECT」**／ https://www.mizuho-fg.co.jp/company/policy/wallart/index.html

13 **ストーリーを語られた相手は話し手と同じように脳活動する**／ Stephens GJ, Silbert LJ, Hasson U. Speaker-listener neural coupling underlies successful communication. Proc Natl Acad Sci U S A. 2010 Aug 10;107(32):14425-30.

14 **英語しかわからない聞き手に物語を英語ですると脳活動は連動したが、トルコ語では脳の連動が見られなかった**／ Liu, Y., Piazza, E., Simony, E. et al. Measuring speaker–listener neural coupling with functional near infrared spectroscopy. Sci Rep 7, 43293 (2017).

15 **ストーリーを知る子どもに絵本を読み聞かせするよりも、話だけを語るほうが脳が活性化**／ Yabe M, Oshima S, Eifuku S, Taira M, Kobayashi K, Yabe H, Niwa SI. Effects of storytelling on the childhood brain: near-infrared spectroscopic comparison with the effects of picture-book reading. Fukushima J Med Sci. 2018 Dec 8;64(3):125-132.

16 **ストーリーを語ることは、自己アイデンティティの再構築や感情処理、実行機能に影響**／ Candlish L, Fadyl JK, D'Cruz K. Storytelling as an intervention in traumatic brain injury rehabilitation: a scoping review. Disabil Rehabil. 2023 Jun;45(13):2248-2262.

17 **神話やヒット映画などの不朽の名作は必ずプロセス（変化、探求、仲間、挑戦）と結果（変革、遺産）が含まれる**／ Allison, S.T. (2024). Home and the Hero's Journey. In: Allison, S.T., Beggan, J.K., Goethals, G.R. (eds) Encyclopedia of Heroism Studies. Springer, Cham.

18 **説得力のある物語を聞くとオキシトシンが放出されて、態度、信念、行動に影響を与える**／ Zak PJ. Why inspiring stories make us react: the neuroscience of narrative. Cerebrum. 2015 Feb 2;2015:2

19 **入院中の子どもにストーリーを語るとオキシトシンとポジティブな感情が増加し、コルチゾールと痛みが減少する**／ Brockington G, Gomes Moreira AP, Buso MS, Gomes da Silva S, Altszyler E, Fischer R, Moll J. Storytelling increases oxytocin and positive emotions and decreases cortisol and pain in hospitalized children. Proc Natl Acad Sci U S A. 2021 Jun 1;118(22):e2018409118

20 **プロセスを含む物語を聞くと、人生の意味が物語の主人公が持っている価値観に近づいて変わる**／ Rogers BA, Chicas H, Kelly JM, Kubin E, Christian MS, Kachanoff FJ, Berger J, Puryear C, McAdams DP, Gray K. Seeing your life story as a Hero's Journey increases meaning in life. J Pers Soc Psychol. 2023 Oct;125(4):752-778.

21 **物語は人間の世界観や意思決定に大きな影響を与える**／ Tuckett, D., & Nikolic, M. (2017). The role of conviction and narrative in decision-making under radical uncertainty. Theory & Psychology, 27(4), 501-523/

22 **ストーリーの理解は脳のデフォルトモードネットワークが関与しており、架空の物語と実際の物語で活動が異なる（脳が同調していることがストーリーの効果を予測）**／ Jääskeläinen IP, Klucharev V, Panidi K, Shestakova AN. Neural Processing of Narratives: From Individual Processing to Viral Propagation. Front Hum Neurosci. 2020 Jun 26;14:253.

23 **サスペンスの物語では側頭頭頂接合部、注意を引く物語は背側注意ネットワーク（DAN）の頭頂間溝と前頭眼野と感覚領域を活性化。感情を喚起する物語はDANと感覚領域を活性化。痛みを感じさせる物語はデフォルトモードネットワークの楔前部と腹内側前頭前野（VMPFC）を活性化させる**／ Jääskeläinen IP, Klucharev V, Panidi K, Shestakova AN. Neural Processing of Narratives: From Individual Processing to Viral Propagation. Front Hum Neurosci. 2020 Jun 26;14:253.

24 **政府が国民へメッセージを投げかけるときは物語が組み込まれていることが大切**／ Piotrowski, S., Grimmelikhuijsen, S., & Deat, F. (2017). Numbers over Narratives? How Government Message Strategies Affect Citizens' Attitudes. Public Performance & Management Review, 42(5), 1005–1028.

25 **経済不況やパンデミックは人が語るストーリーで大きく広がる**／ Shiller R. J. (2017). Narrative economics. Am. Econ. Rev. 107, 967–1004. 10.1257/aer.107.4.967

26 **認知的不協和理論**／ Festinger, L., (1957) A theory of cognitive dissonance. Stanford: Stanford University Press

27 **時間を区切ると作業パフォーマンスが上がる**／ Slobounov SM, et.al., "Neurophysiological and behavioral indices of time pressure effects on visuomotor task performance", Brain Res. Cogn. Brain Res., 2000, Vol.9 (3), p.287-98

28 **途方もないゴールより現実的なゴールを目指しているほうが幸福度が高い**／ Bühler, J.L et.al. "A closer look at life

5 **アスリートは視覚と体感覚タイプが多い**／ Di Corrado D, Guarnera M, Quartiroli A. Vividness and transformation of mental images in karate and ballet. Percept Mot Skills. 2014 Dec;119(3):764-73/ Murphy, S., Nordin, S., & Cumming, J. (2008). Imagery in sport, exercise, and dance. In T. S. Horn (Ed.), Advances in sport psychology (3rd ed., pp. Human Kinetics/ Isaac AR, Marks DF. Individual differences in mental imagery experience: developmental changes and specialization. Br J Psychol. 1994 Nov;85 (Pt 4):479-500

6 **音楽家は聴覚タイプが発達**／ Aleman A, Nieuwenstein MR, Böcker KB, de Haan EH. Music training and mental imagery ability. Neuropsychologia. 2000;38(12):1664-8/ Campos, A., & Fuentes, L. (2016). Musical Studies and the Vividness and Clarity of Auditory Imagery. Imagination, Cognition and Personality, 36(1), 75-84/ Cohen, M.A., Evans, K.K., Horowitz, T.S. et al. Auditory and visual memory in musicians and nonmusicians. Psychon Bull Rev 18, 586–591 (2011)/ Hishitani, S. (2009). Auditory Imagery Questionnaire: Its factorial structure, reliability, and validity. Journal of Mental Imagery, 33(1-2), 63–80./ Hubbard, T. L. (2010). Auditory imagery: Empirical findings. Psychological Bulletin, 136(2), 302–329/ J Janata, P., Paroo, K. Acuity of auditory images in pitch and time. Perception & Psychophysics 68, 829–844 (2006)/ Keller, P. E., & Koch, I. (2008). Action Planning in Sequential Skills: Relations to Music Performance. Quarterly Journal of Experimental Psychology, 61(2), 275-291/ Sylvain Moreno, Carlos Marques, Andreia Santos, Manuela Santos, São Luís Castro, Mireille Besson, Musical Training Influences Linguistic Abilities in 8-Year-Old Children: More Evidence for Brain Plasticity, Cerebral Cortex, Volume 19, Issue 3, March 2009, Pages 712–723/ Oxenham AJ, Fligor BJ, Mason CR, Kidd G Jr. Informational masking and musical training. J Acoust Soc Am. 2003 Sep;114(3):1543-9)

7 **ゲーマーは視覚と体感覚を多用する人が多い**／ Achtman RL, Green CS, Bavelier D. Video games as a tool to train visual skills. Restor Neurol Neurosci. 2008;26(4-5):435-46.

8 **音楽で体が動く人は、聴覚と体感覚タイプの可能性**／ Zatorre RJ, Halpern AR. Mental concerts: musical imagery and auditory cortex. Neuron. 2005 Jul 7;47(1):9-12.

9 **視覚イメージがまったくない「アファンタジア」(非視覚タイプ)** ／ Zeman A, Dewar M, Della Sala S. Lives without imagery – Congenital aphantasia. Cortex. 2015;73:378–380

10 **2500人のうち2.1 ～ 2.7%が「アファンタジア」** ／ Faw, Bill. (2009). Conflicting Intuitions May Be Based On Differing Abilities: Evidence from Mental Imaging Research. Journal of Consciousness Studies. 16. 45-68.

11 **アファンタジアは聴覚が発達している傾向**／ Zeman A, Dewar M, Della Sala S. Lives without imagery - Congenital aphantasia. Cortex. 2015 Dec;73:378-80

12 **同じペースで話すと脳波も同調する**／ Masahiro Kawasaki, Yohei Yamada, Yosuke Ushiku, Eri Miyauchi, Yoko Yamaguchi. "Inter-brain synchronization during coordination of speech rhythm in human-to-human social interaction". Scientific Reports, 3:1692, doi:10.1038/srep01692

13 **同じ点があると信頼関係を築ける**／ Block P. & Grund T. "Multidimensional Homophily in Friendship Networks" Netw. Sci. (Camb Univ Press) 2014, Vol.2 (2) , p.189-212

第４章　脳科学が導き出した伝わるコツ　解像度を上げる

1 **解像度は鮮明さ(vividness)から生まれる**／ Barker, R. M., St-Laurent, M., & Buchsbaum, B. R. (2022). Neural reactivation and judgements of vividness reveal separable contributions to mnemonic representation. NeuroImage, 255, Article 119205.

2 **ホモフィリー(同じ要素)があると友達になりやすい**／ Block P. & Grund T. "Multidimensional Homophily in Friendship Networks" Netw. Sci. (Camb Univ Press) 2014, Vol.2(2), p.189-212

3 **コンフォートゾーンとストレッチゾーン**／ Kouvela, E., Hernandez-Martinez, P. & Croft, T. "This is what you need to be learning": ananalysis of messages received by first-year mathematics students during their transition to university. Math Ed Res J 30, 165–183 (2018). /Vygotsky, L. S. (1978). Mind in society: The development of higherpsychological processes. Cambridge, MA: Harvard University Press.

4 **コンフォートゾーンに居続けると、人の成長スピードが制限される**／ Woodward, B., and Kliestik, T. (2021). Intelligent transportation applications, autonomous vehicle perception sensor data, and decision-making self- driving car control algorithms in smart sustainable urbanmobility systems. Contemp. Read. Law Soc. Just. 13, 51–64. doi:10.22381/CRLSJ13220 214

5 **自分にないものに惹かれる「相補性対人理論」** ／ Kiesler, D. J. (1996). Contemporary interpersonal theory and research: Personality, psychopathology, and psychotherapy. New York: Wiley/Sadler, P., & Woody, E. (2003). Is who you are who you're talking to? Interpersonal style and complementarily in mixed-sex interactions. Journal of Personality and Social Psychology, 84(1), 80–96.

6 **恋は前頭前野の活性を下げる**／ Zeki S. "The neurobiology of love", FEBS. Lett. 2007, Vol.581(14), p.2575-9

7 **恋人の写真を見るとドーパミン神経が活性化**／Takahashi K, et al. "Imaging the passionate stage of romantic love by dopamine dynamics", Front. Hum. Neurosci., 2015, Vol.9, p.191

20 **サンクコスト効果**／ Parayre, Roch, "The strategic implications of sunk costs: A behavioral perspective", Journal of Economic Behavior & Organization, 1995, Vol. 28 (3) , p.417–442

21 **確実性効果**／ Tversky, Amos & Kahneman, Daniel, "Rational Choice and the Framing of Decisions", The Journal of Business, 1986, Vol.59 (S4) , p.S251

22 **圧倒される環境では短絡的な視点となる**／ Eddie Harmon-Joes, et.al.,"Does Negative Affect Always Narrow and Positive Affect Always Broaden the Mind? Considering the Influence of Motivational Intensity on Cognitive Scope", Current Directions in Psychological Science, 2013, Vol.22(4 , p.301-307

23 **現状維持バイアスは行動後の後悔（痛み）を回避するために生まれる脳の現象**／ Nicolle A, Fleming SM, Bach DR, Driver J, Dolan RJ. A regret-induced status quo bias. J Neurosci. 2011 Mar 2;31(9):3320-7.

24 **平均40.3歳の人に「人生を振り返って後悔することは？」と聞くと75％（60名中45名）の回答者が、やった後悔よりやらなかった後悔と答えた**／ Gilovich T, Medvec VH. The temporal pattern to the experience of regret. J Pers Soc Psychol. 1994 Sep;67(3):357-65.

25 **短期的な視点に立つと行為後悔を思い出しやすく、長期的な視点に立つと不行為後悔を思い出しやすい（米国、日本、中国、ロシアでも共通だった）**／ Gilovich T, Medvec VH. The experience of regret: what, when, and why. Psychol Rev. 1995 Apr;102(2):379-95./Gilovich, Thomas et al. "Regrets Of Action And Inaction Across Cultures." Journal of Cross-Cultural Psychology 34 (2003): 61 - 71.

26 **結婚年数が長くなると、女性は共感や接近の態度が減り、男性は長期間結婚しても態度はそこまで変化しない**／ Miduho KASUI, "Characteristics of Husband-Wife Communication and How These Characteristics Differ Depending on How Long the Couples Have Been Married " 日本家政学会誌 Vol. 65 No. 2 50 ~ 56(2014)

27 **同じ点があると信頼関係を築ける**／ Block P. & Grund T. "Multidimensional Homophily in Friendship Networks" Netw. Sci. (Camb Univ Press) 2014, Vol.2(2), p.189-212

28 **20個書き出すと認知が変化する**／ 西剛志著「脳科学的に正しい一流の子育てQ&A」，ダイヤモンド社、2019年

29 **リフレクティブ・リスニング**／ Braillon A, Taiebi F. Practicing "Reflective listening" is a mandatory prerequisite for empathy. Patient Educ Couns. 2020 Sep;103 (9) :1866-1867.

30 **自分のことを話すと脳の報酬系が活性化**／ Tamir D.I., & Mitchell J.P. "Disclosing information about the self is intrinsically rewarding", Proc. Natl. Acad. Sci. USA, 2012, Vol.109(21), p.8038-43

31 **大小問わず成功体験を一緒に喜ぶと、パートナーとの幸福度や関係性の持続度が増加**／ Gable, S. L., Gonzaga, G. C., & Strachman, A. (2006). Will you be there for me when things go right? Supportive responses to positive event disclosures. *Journal of Personality and Social Psychology, 91*(5), 904–917.

32 **マインドアフターミッドナイト**／ Dzogang F, Lightman S, Cristianini N. Diurnal variations of psychometric indicators in Twitter content. PLoS One. 2018 Jun 20;13(6):e0197002.

33 **メールで問題を指摘しない**／ Schade, L. C., Sandberg, J., Bean, R., Busby, D., & Coyne, S. (2013). Using Technology to Connect in Romantic Relationships: Effects on Attachment, Relationship Satisfaction, and Stability in Emerging Adults. Journal of Couple & Relationship Therapy, 12(4), 314–338.

第３章　相手の脳タイプに合わせて伝える

1 **心的イメージ（Mental Imagery）と脳の関係**／ Farah MJ. The neural basis of mental imagery. Trends Neurosci. 1989 Oct;12(10):395-9. doi: 10.1016/0166-2236(89)90079-9/ Pearson J. The human imagination: the cognitive neuroscience of visual mental imagery. Nat Rev Neurosci. 2019 Oct;20(10):624-634/ Boccia M, Sulpizio V, Bencivenga F, Guariglia C, Galati G. Neural representations underlying mental imagery as unveiled by representation similarity analysis. Brain Struct Funct. 2021 Jun;226(5):1511-1531/ Krüger B, Hegele M, Rieger M. The multisensory nature of human action imagery. Psychol Res. 2024 Sep;88(6):1870-1882.

2 **心的イメージは主に３タイプで脳の「視覚野」、「聴覚野」、「体感覚野」を中心とした部位が活性化**／ McNorgan C. A meta-analytic review of multisensory imagery identifies the neural correlates of modality-specific and modality-general imagery. Front Hum Neurosci. 2012 Oct 17;6:285./Kosslyn SM, Ganis G, Thompson WL. Neural foundations of imagery. Nat Rev Neurosci. 2001 Sep;2(9):635-42. / Daselaar SM, Porat Y, Huijbers W, Pennartz CM. Modality-specific and modality-independent components of the human imagery system. Neuroimage. 2010 Aug 15;52(2):677-85/Pearson J, Naselaris T, Holmes EA, Kosslyn SM. Mental Imagery: Functional Mechanisms and Clinical Applications. Trends Cogn Sci. 2015 Oct;19(10):590-602.

3 **心的イメージは買い物リストなど単純な日常作業に使われる**／ Floridou GA, Peerdeman KJ, Schaefer RS. Individual differences in mental imagery in different modalities and levels of intentionality. Mem Cognit. 2022 Jan;50(1):29-44.

4 **視覚タイプは、写真というより動画で感じることがある**／ Saulsman, L. M., Ji, J. L., & Mcevoy, P. M. (2019). The essential role of mental imagery in cognitive behaviour therapy: What is old is new again. Australian Psychologist, 54(4), 237–244.

2011 Apr;1225(1):166-75.

12 **ヒトにおけるミラーニューロンの示唆と聴覚とイメージの統合**／Rizzolatti, Giacomo & Craighero, Laila, "Language and mirror neurons", The Oxford Handbook of Psycholinguistics. 2012/Le Bel RM. et.al. "Motor-auditory-visual integration: The role of the human mirror neuron system in communication and communication disorders", J. Commun. Disord. 2009, Vol.42 (4), p.299-304

13 **ミラーニューロンと運動制御**／Murata, A. "Function of mirror neurons originated from motor control system", Neurology and Clinical Neuroscience, Vol.12 (1) , 2005

第２章　相手の認知のクセをつかめ

1 **透明性の錯覚**／Gilovich, T., et.al., "The illusion of transparency: Biased assessments of others' ability to read one's emotional states", J. Personal. Soc. Psychol., 1998, Vol.75, p.332-346

2 **感情移入ギャップ**／VanBoven , Leaf, et.al. "Changing Places: A Dual Judgment Model of Empathy Gaps in Emotional Perspective Taking" (PDF) . In Zanna, Mark P.; Olson, James M. (eds.) . Advances in Experimental Social Psychology. 2013, Vol. 48, p.117–171

3 **システム正当化バイアス**／Jost, J. T., & Banaji, M.R. "The role of stereotyping in system-justification and the production of false consciousness", British Journal of Social Psychology, 1994, Vol.33 (1) , p.1-27/ Jost, J. T., & Hunyady, O. "Antecedents and consequences of system-justifying ideologies",Current Directions in Psychological Science, 2005, Vol.14 (5) , p.260-265

4 **全か無の思考（スプリッティング）**／Carser D. "The defense mechanism of splitting: developmental origins, effects on staff, recommendations for nursing care", J. Psychiatr. Nurs. Ment. Health Serv., 1979, Vol.17(3), p.21–8/ Gould JR, et.al. "The Splitting Index: construction of a scale measuring the defense mechanism of splitting", J. Pers. Assess, 1996, Vol.66(2), p.414–30/Kelly J.D. 4th. "Your Best Life: Managing Negative Thoughts-The Choice is Yours", Clin. Orthop. Relat. Res. 2019, Vol.477(6), p.1291-93

5 **確証バイアス**／Colin Holbrook,et.al., "Neuromodulation of group prejudice and religious belief", Soc. Cog. Affect. Neurosci., 2016, Vol. 11 (3) , p.387-394

6 **コントロール幻想**／Yarritu I,et.al. Illusion of control: the role of personal involvement. Exp Psychol. 2014 Jan 1;61(1):38-47.

7 **グループシンク**／Akhmad, M., et.al., Closed-mindedness and insulation in groupthink: their effects and the devil's advocacy as a preventive measure. J Comput Soc Sc 4, 455–478 (2021)

8 **リンゲルマン効果**／M. Ringlmann, "Recherches sur les moteurs animes:Travail de I'homme", Annales de I'Institut National Argonomique, 1913, Vol.12, p.1-40

9 **シロクマ抑制目録**／Schmidt RE, et.al., Anatomy of the White Bear Suppression Inventory (WBSI): a review of previous findings and a new approach. J Pers Assess. 2009 Jul;91(4):323-30.

10 **曖昧性の回避**／Ellsberg, D. "Risk, Ambiguity, and the Savage Axioms", The Quarterly Journal of Economics, 1961, Vol.75, 643–669

11 **コントラストバイアス**／Choplin JM, Medin DL. Similarity of the perimeters in the Ebbinghaus illusion. Percept Psychophys. 1999 Jan;61(1):3-12.

12 **Eを書く方向で自己中心バイアスの強さがわかる（ひたEテスト）**／Galinsky, A. D., Magee, J. C., Inesi, M. E., & Gruenfeld, D. H. (2006) . Power and perspectives not taken. Psychological Science, 17 (12) , 1068-1074.

13 **BYAF法（But you are free）はYesの確率を２倍高める**／Christopher J. Carpenter A Meta-Analysis of the Effectiveness of the "But You Are Free" Compliance-Gaining Technique",Communication Studies,Vol.64(1),p.6–17,2013

14 **A-B-Xシ ス テ ム**／Newcomb TM. An approach to the study of communicative acts. Psychological Review. 1953;60:393–404.

15 **体の感覚が認知に影響する身体的認知**／Yao Y, Zheng X. Book Review: Embodied Cognition (2nd Edition). Front Psychol. 2020 Feb 19;11:42.

16 **重いクリップボードの履歴書を読むと、相手が真剣に職を求めていると感じる／硬い木に触る人は柔らかい毛布を触る人より頑固に感じる／硬い椅子で交渉すると柔らかいソファより妥協しにくい**／Ackerman JM, Nocera CC, Bargh JA. Incidental haptic sensations influence social judgments and decisions. Science. 2010 Jun 25;328(5986):1712-5.

17 **アイスコーヒーよりホットコーヒーを持つ人のほうが温かい人と感じる**／Williams LE, Bargh JA. Experiencing physical warmth promotes interpersonal warmth. Science. 2008 Oct 24;322(5901):606-7.

18 **雨の日はレビューがマイナスな内容になる傾向**／Leif, Brandes & Yaniv Dover, "Offline Context Affects Online Reviews: The Effect of Post-Consumption Weather", Journal of Consumer Research, 2022, Vol.49(4), p.595–615

19 **現状維持バイアス**／Samuelson, W. & Zeckhauser, R. "Status quo bias in decision making", J. Risk Uncertainty, 1988, Vol. 1, p.7–59

参考文献

はじめに

1 **言語能力は15～50%が遺伝的要因で環境の影響が大きい**／Araki T, Hirata M, Yanagisawa T, Sugata H, Onishi M, Watanabe Y, Ogata S, Honda C, Hayakawa K, Yorifuji S; Osaka Twin Research Group. Language-related cerebral oscillatory changes are influenced equally by genetic and environmental factors. Neuroimage. 2016 Nov 15;142:241-247 /安藤寿康「遺伝マインド--遺伝子が織り成す行動と文化」有斐閣 (2011)

第1章　コミュニケーションで大切なのは、「言葉」の前に「視点の理解」

1 **視点の理解のコミュニケーション**／Howieson & Priddis (2015).Howieson J, Priddis L. A mentalizing-based approach to family mediation: harnessing our fundamental capacity to resolve conflict and building an evidence-based practice for the field. Family Court Review. 2015;53(1):79–95/Kidder (2017).Kidder DL. BABO negotiating: enhancing students' perspective-taking skills. Negotiation Journal. 2017;33(3):255–267

2 **意見が対立するとき双方の視点を伝えると敵意が減る**／Rogers SL, Howieson J, Neame C. I understand you feel that way, but I feel this way: the benefits of I-language and communicating perspective during conflict. PeerJ. 2018 May 18;6:e4831.

3 **相手の視点を代弁する(例「あなたはこう思っているんですよね」など)のは争いに有益**／Ames (2008).Ames DR. In search of the right touch: interpersonal assertiveness in organizational life. Current Directions in Psychological Science. 2008;17(6):381–385./ Galinksy et al. (2008).Galinksy AD, Maddux WW, Gilin D, White JB. Why it pays to get inside the head of your opponent: the differential effects of perspective taking and empathy in negotiations. Psychological Science. 2008;19(4):378–384. /Hargie (2011).Hargie O. Skilled Interpersonal Communication. New York: Routledge; 2011./ Howieson & Priddis (2015).Howieson J, Priddis L. A mentalizing-based approach to family mediation: harnessing our fundamental capacity to resolve conflict and building an evidence-based practice for the field. Family Court Review. 2015;53(1):79–95/ Kidder (2017).Kidder DL. BABO negotiating: enhancing students' perspective-taking skills. Negotiation Journal. 2017;33(3):255–267.

4 **相手と価値観が異なるとき、敵対的なアプローチは反感を買い負のスパイラルになる**／Bowen, Winczewski & Collins (2016).Bowen JD, Winczewski LA, Collins NL. Language style matching in romantic partners' conflict and support interactions. Journal of Language and Social Psychology. 2016;36(3):263–284./ Park & Antonioni (2007).Park H, Antonioni D. Personality, reciprocity, and strength of conflict resolution strategy. Journal of Research in Personality. 2007;41(1):110–125/Pike & Sillars (1985).Pike GR, Sillars A. Reciprocity of marital communication. Journal of Social and Personal Relationships. 1985;2(3):303–324/Wiebe & Zhang (2017).Wiebe WT, Zhang YB. Conflict initiating factors and management styles in family and nonfamily intergenerational relationships: young adults' retrospective written accounts. Journal of Language and Social Psychology. 2017;36(3):368–379

5 **視点の理解には質問やコミュニケーションが大切**／Kellas, Willer & Trees (2013).Kellas JK, Willer EK, Trees AR. Communicated perspective-taking during stories of marital stress: spouses' perceptions of one another's perspective-taking behaviors. Southern Communication Journal. 2013;78(4):326–351

6 **他者の気持ちを正確に理解するために相手の気持ちを聞くことが大切**／Takahashi HK, Kitada R, Sasaki AT, Kawamichi H, Okazaki S, Kochiyama T, Sadato N. Brain networks of affective mentalizing revealed by the tear effect: The integrative role of the medial prefrontal cortex and precuneus. Neurosci Res. 2015 Dec;101:32-43.

7 **対立中の共感的努力(相手の感情や価値観を知り同意すること)が人間関係の満足度と関連**／Cohen et al. (2012). Cohen S, Schulz MS, Weiss E, Waldinger RJ. Eye of the beholder: the individual and dyadic contributions of empathic accuracy and perceived empathic effort to relationship satisfaction. Journal of Family Psychology. 2012;26(2):236–245

8 **「妻と義母」は年齢によって見え方が異なる**／Brouwer A, Jin X, Waldi AH, Verheyen S. Age biases the judgment rather than the perception of an ambiguous figure. Sci Rep. 2021 Apr 21;11(1):8627

9 **認知バイアス(脳のバイアス)は200種類以上存在する**／西剛志著「あなたの世界をガラリと変える認知バイアスの教科書」, SBクリエイティブ, 2023年

10 **製品のよさよりも相手との信頼関係が商品の購入決定に2倍も影響**／Frenzen, J.R., & Davis, H.L."Purchasing behavior in embedded markets", Journal of Consumer Reserch, 1990, Vol.17, p.1-12

11 **ミラーニューロンシステム(ミラー理論)**／Bastiaansen JA, Thioux M, Keysers C. Evidence for mirror systems in emotions. Philos Trans R Soc Lond B Biol Sci. 2009 Aug 27;364(1528):2391-404/ Colombo B, Anctil R, Balzarotti S, Biassoni F, Antonietti A. The Role of the Mirror System in Influencing Musicians' Evaluation of Musical Creativity: A tDCS Study. Front Neurosci. 2021 Apr 8;15:624653. doi: 10.3389/fnins.2021.624653./ Bonini L, Ferrari PF. Evolution of mirror systems: a simple mechanism for complex cognitive functions. Ann N Y Acad Sci.

結局、どうしたら伝わるのか?
脳科学が導き出した本当に伝わるコツ

発行日　2025年3月13日　第1刷
発行日　2025年3月27日　第2刷

著者　西 剛志

本書プロジェクトチーム
編集統括　柿内尚文
編集担当　入江翔子
デザイン　杉山健太郎
イラスト　ヤギワタル
写真　株式会社テクニカ エイ・ブイ / PIXTA（ピクスタ）（P38 ～ P40）、Sebastian Kaulitzki/Shutterstock.com（P152）、kouta / PIXTA（ピクスタ）（P301 上）、msks / PIXTA（ピクスタ）（P301 下）
DTP　野中賢（システムタンク）
校正　澤近朋子

営業統括　丸山敏生
営業推進　増尾友裕、綱脇愛、桐山敦子、相澤いづみ、寺内未来子
販売促進　池田孝一郎、石井耕平、熊切絵理、菊山清佳、山口瑞穂、吉村寿美子、矢橋寛子、遠藤真知子、森田真紀、氏家和佳子
プロモーション　山田美恵

編集　小林英史、栗田亘、村上芳子、大住兼正、菊地貴広、山田吉之、福田麻衣、小澤由利子
メディア開発　池田剛、中山景、中村悟志、長野太介、志摩晃司
管理部　早坂裕子、生越こずえ、本間美咲
発行人　坂下毅

発行所　株式会社アスコム

〒105-0003
東京都港区西新橋2-23-1　3東洋海事ビル
TEL：03-5425-6625

印刷・製本　日経印刷株式会社

Printed in Japan ISBN 978-4-7762-1371-0